LAROUSSE

Receitas vegetarianas práticas

CLÉMENCE
ROQUEFORT

CB054692

LAROUSSE

Receitas vegetarianas práticas

CLÉMENCE ROQUEFORT

Fotografia de Olivier Ploton

Tradução de Célia Regina Rodrigues de Lima

EDITORA

ALAÚDE

INTRODUÇÃO

Preparar pratos vegetarianos é bem menos complicado do que parece. Na realidade, a culinária vegetariana é bastante diversificada e oferece infinitas possibilidades.

Existe um mito de que os vegetarianos comem apenas grãos e insípidos pedaços de tofu com uma folha de alface! Porém, a verdade é que, seja por motivos éticos, ecológicos, seja pela saúde, os vegetarianos simplesmente optaram por eliminar carnes e peixes de sua alimentação, só isso. Portanto, continua havendo inúmeras opções: além de frutas e legumes, dispomos de leguminosas, cereais, oleaginosas, ovos, queijo e até produtos semelhantes à carne, como o tofu, o tempeh ou o seitan. Esses ingredientes permitem milhares de combinações, todas muito originais e saborosas. Assim, é possível elaborar uma dieta alimentar equilibrada, saudável e prazerosa sem nenhum tipo de carência nem privação.

Neste livro apresentamos 200 receitas saborosas e infalíveis, que servirão tanto a quem está começando a se interessar pela culinária vegetariana quanto aos adeptos experientes. Todas as receitas, que levam poucos ingredientes, são muito simples e fáceis de preparar. Aqui você encontrará sugestões para qualquer situação, seja um aperitivo entre amigos, um lanche com os parentes, um jantar romântico, seja um almoço rápido. E comprovará que, afinal, ser vegetariano não é nada complicado.

SUMÁRIO

Aperitivos

Palmiers com molho pesto vermelho......10

Torcidinhos de massa folhada com sementes......12

Biscoitos de pimentão 14

Tzatziki......16

Homus de abóbora......18

Pasta de beterraba e amêndoa......20

Patê de pimentão 22

Guacamole 24

Patê de berinjela com queijo feta 26

Patê de shiitake com nozes 28

Espetinhos de pepino, mel e nozes 30

Espetinhos de figo, queijo de ovelha e melão......32

Salada grega no espetinho 34

Chips de couve 36

Grão-de-bico crocante com especiarias......38

Cogumelos recheados......40

Gougères de queijo roquefort......42

Entradas

Gazpacho de pimentão e melancia......44

Sopa fria de pepino e rúcula 46

Sopa gelada de melão com manjericão......48

Sopa de folhas de rabanete 50

Velouté de cenoura com amendoim e coentro......52

Sopa de cenoura com cominho e gengibre......54

Sopa de maçã, batata-doce e gengibre 56

Velouté de cogumelo, cream cheese e curry 58

Sopa de lentilha vermelha e tomate......60

Sopa de abóbora com castanha portuguesa 62

Salada de primavera com morango e tomate cereja.64

Salada de fitas de abobrinha 66

Tabule com sementes......68

Salada de alface-de-cordeiro, pêssego e amêndoa.70

Salada de pepino e cogumelos 72

Salada de grão-de-bico com pepino e queijo feta 74

Salada de erva-doce, abacate e laranja......76

Salada de quinoa, laranja e romã......78

Ovos mimosa recheados com abacate 80

Miniquiches de queijo cantal 82

Rolinhos primavera......84

Panna cotta de queijo de cabra fresco e pepino......86

Terrina de aspargos......88

Terrina de nozes 90

Bolo salgado de pimentão e queijo mimolette 92

Abobrinhas empanadas......94

Pratos principais

Salada de quinoa com erva-doce e grapefruit.......96

Salada de lentilha, maçã e queijo feta 98

Salada de batata, queijo de cabra
e uva..100

Salada de cuscuz, queijo feta e tomate.................102

Salada de quinoa, maçã e queijo faisselle............104

Salada de couve, abacate e nozes........................106

Salada de lentilha, quinoa e nozes........................108

Salada Waldorf 110

Salada de repolho com halloumi grelhado...........112

Salada de quinoa e laranja 114

Salada de arroz com abacaxi, abacate
e cebola roxa.. 116

Salada mexicana de arroz e feijão-vermelho.......118

Salada tailandesa de arroz com frutas tropicais...120

Tartines de roquefort, nozes e uva 122

Tartines de pera, gorgonzola e nozes 124

Bruschetta de pesto, mozarela
e tomate 126

Tartines de queijo de ovelha, tomate
seco e uva...128

Quiche de mostarda 130

Quiche de legumes 132

Quiche de alho-poró, cogumelo e tofu 134

Quiche de aspargo 136

Tortinhas crocantes de cenoura e queijo
de cabra 138

Galette de homus e legumes..................................140

Quiche de pimentão e queijo cremoso
de ervas...142

Torta de alho-poró, queijo de cabra e mel 144

Torta de cogumelo e queijo reblochon..................146

Torta de abobrinha, hortelã e limão 148

Coroa folhada de queijo de cabra e legumes.......150

Torta tatin de erva-doce, mel e laranja 152

Torta de alcachofra...154

Torta tatin de batata-doce e cenoura 156

Torta tatin de pimentão e tomate 158

Pizzinhas de berinjela e mozarela 160

Pizza de tomate cereja, mozarela e rúcula...........162

Pizza de legumes 164

Flammkuchen de queijo de cabra e mel 166

Pissaladière com tomate, cebola e azeitona........168

Bolo salgado de queijo e tomate seco...................170

Bolo salgado de espinafre e queijo feta 172

Bolo de abóbora com fubá......................................174

Alho-poró cremoso com leite de coco 176

Refogado de tempeh com batata-doce 178

Couve-de-bruxelas com cogumelos 180

Guisado de trigo com abobrinha
e amêndoa..182

Curry de brócolis, batata e leite de coco..............184

Refogado de espelta com abóbora 186

Cevadinha com queijo mimolette..........................188

Cevadinha com legumes...190

Arroz com lentilha e cebola roxa...........................192

Arroz thai com tofu e amendoim 194

Refogado de tempeh e cenoura com laranja 196

Endívia braseada com laranja e mel 198

Sobá com cenoura e shoyu 200

Legumes refogados com laranja kinkan...............202

Refogado de brócolis e soja...................................204

Risoto de espelta..206

Risoto de cogumelos e sementes
de abóbora 208

Risoto de alho-poró e curry....................................210

Risoto de abóbora com avelã................................212

Gratinado de pimentão e abobrinha......................214

Crozets gratinados com moranga.........................216

Gratinado de brócolis, leite de coco e gengibre.....218

Abóbora gratinada com mostarda 220

Gratinado de batata com queijo cheddar 222

Gratinado de verduras com trigo 224

Crumble de abóbora com sementes 226

Crumble de couve-flor e parmesão......................228

Crumble de abobrinha e berinjela..........................230

Abobrinha recheada com roquefort e nozes.......232

Brioche recheado com tofu defumado 234

Tomate recheado com cuscuz e queijo feta 236

Batata gratinada com creme de queijo 238

Batata-doce recheada com couve-flor.................240

Berinjela recheada com cuscuz e queijo feta 242

Cogumelos recheados com alho-poró
e castanha 244

Pimentão recheado com arroz...............................246

Abóbora recheada com cogumelos 248

Ratatouille à provençal...250

Berinjela à italiana 252

Tagine de legumes com frutas secas..................254

Cuscuz marroquino com legumes 256

Flã de verduras com mostarda 258

Flã de pimentão com leite de coco 260

Flã de cenoura com queijo....................................262

Nhoque de batata-doce 264

Lasanha de legumes com queijo de cabra..........266

Penne ao pesto de couve 268

Tagliatelle ao pesto de nozes................................270

Fusilli com shiitake..272

Canelone com cream cheese e berinjela..............274

Conchiglione com pimentão e queijo de cabra ...276

Espaguete com pimentão 278

Espaguete à carbonara diferente.........................280

Macarrão de uma panela só...................................282

Cozido de legumes 284

Cozido de alho-poró, cogumelo e
trigo-sarraceno..286

Refogado de batata-doce e brócolis.....................288

Curry de lentilha vermelha 290

Curry de legumes..292

Couve-flor e batata ao curry..................................294

Dal de espinafre 296

Ovos com espinafre..298

Tomates recheados com ovos cocotte.................300

Ovos ao forno com shiitake 302

Tomates à provençal com tofu e cogumelos......304

Maçãs com queijo de cabra e batatas
com mostarda 306

Espetinhos de tofu 308

Papelotes de erva-doce, batata-doce e tofu 310

Panisses...312

Panquequinha de aveia com abobrinha.................314

Panquequinha de ervilha com hortelã...................316

Panquequinha de fubá com legumes....................318

Panquequinha de lentilha com cenoura................320

Bolinhos de couve-flor com parmesão 322

Couve-flor empanada com avelã...........................324

Falafel rápido de forno 326

Nuggets de tofu com cenoura................................328

Petisco de fubá com tomate e mozarela.................330

Rolinhos de legumes 332

Pastelão de queijo brie com maçã 334

Pastel de espinafre com queijo de cabra.............336

Folhado de cogumelo 338

Samosa de cebola caramelizada e queijo...........340

Sobremesas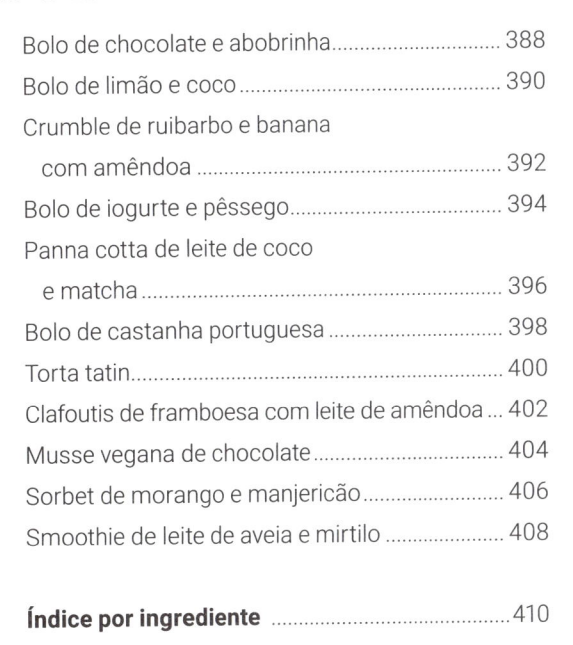

Folhado de pimentão e cream cheese 342

Torta grega de espinafre e queijo feta 344

Rösti de alho-poró...346

Tofu marinado com gergelim e chips
de legumes...348

Rolinhos primavera de legumes 350

Blanquette de seitan..352

Escalope de seitan ao vinho tinto 354

Rösti de abóbora 356

Hamburguinho de feijão-vermelho.....................358

Tortilha de pimentão e batata...............................360

Paella vegetariana...362

Bún bò vegetariano...364

Gratinado de batata com queijo reblochon.........366

Suflê de três queijos 368

Chili sem carne 370

Baguete croque-madame 372

Croque-monsieur com pesto e queijo
de cabra 374

Croque-monsieur de tofu 376

Sanduíche enrolado de pepino
e queijo fresco...378

Burritos vegetarianos 380

Sanduíche de abacate com queijo
de cabra 382

Sushi de abacate...384

Wraps de homus e legumes crus.........................386

Bolo de chocolate e abobrinha...............................388

Bolo de limão e coco 390

Crumble de ruibarbo e banana
com amêndoa 392

Bolo de iogurte e pêssego.......................................394

Panna cotta de leite de coco
e matcha 396

Bolo de castanha portuguesa 398

Torta tatin...400

Clafoutis de framboesa com leite de amêndoa ... 402

Musse vegana de chocolate...................................404

Sorbet de morango e manjericão.........................406

Smoothie de leite de aveia e mirtilo 408

Índice por ingrediente 410

PALMIERS
com molho pesto vermelho

5 min

20 min

4 porções

1 Desenrole a massa, espalhe sobre ela o pesto de tomate seco e salpique com parmesão. Enrole um dos lados mais compridos até chegar ao centro da massa e depois enrole o outro lado, até encostar no primeiro rolinho, dando o formato do palmier.

2 Corte o rolinho em fatias de 1 cm e coloque-as numa assadeira rasa. Leve ao forno preaquecido (180 °C) por 20 minutos.

Se não encontrar o pesto de tomate seco à venda, faça uma versão caseira: bata no liquidificador 1 xícara de tomates secos, ½ xícara de nozes, ½ xícara de queijo parmesão ralado, 1 dente de alho e ½ xícara de azeite até obter uma pasta rústica e tempere com sal e pimenta.

Massa folhada laminada

1 pacote (300 g)

Molho pesto de tomate seco

4 colheres (sopa)

Queijo parmesão ralado

4 colheres (sopa)

TORCIDINHOS
de massa folhada com sementes

🕐 10 min 🔲 10 min

🍴 4 porções

1 Desenrole a massa e pincele-a com o leite. Espalhe o parmesão e as sementes por cima e passe o rolo levemente para que as sementes penetrem um pouco na massa.

2 Corte a massa em tiras de 1,5 cm e torça-as, formando um palito. Disponha-os numa assadeira, polvilhe com gergelim e leve ao forno preaquecido (180 °C) por 10 minutos até dourar levemente.

Massa folhada laminada
1 pacote (300 g)

Gergelim
2 colheres (sopa) + um pouco para polvilhar

Sementes de papoula
20 g

Sementes de abóbora
20 g

Leite
1 colher (sopa)

Queijo parmesão ralado
40 g

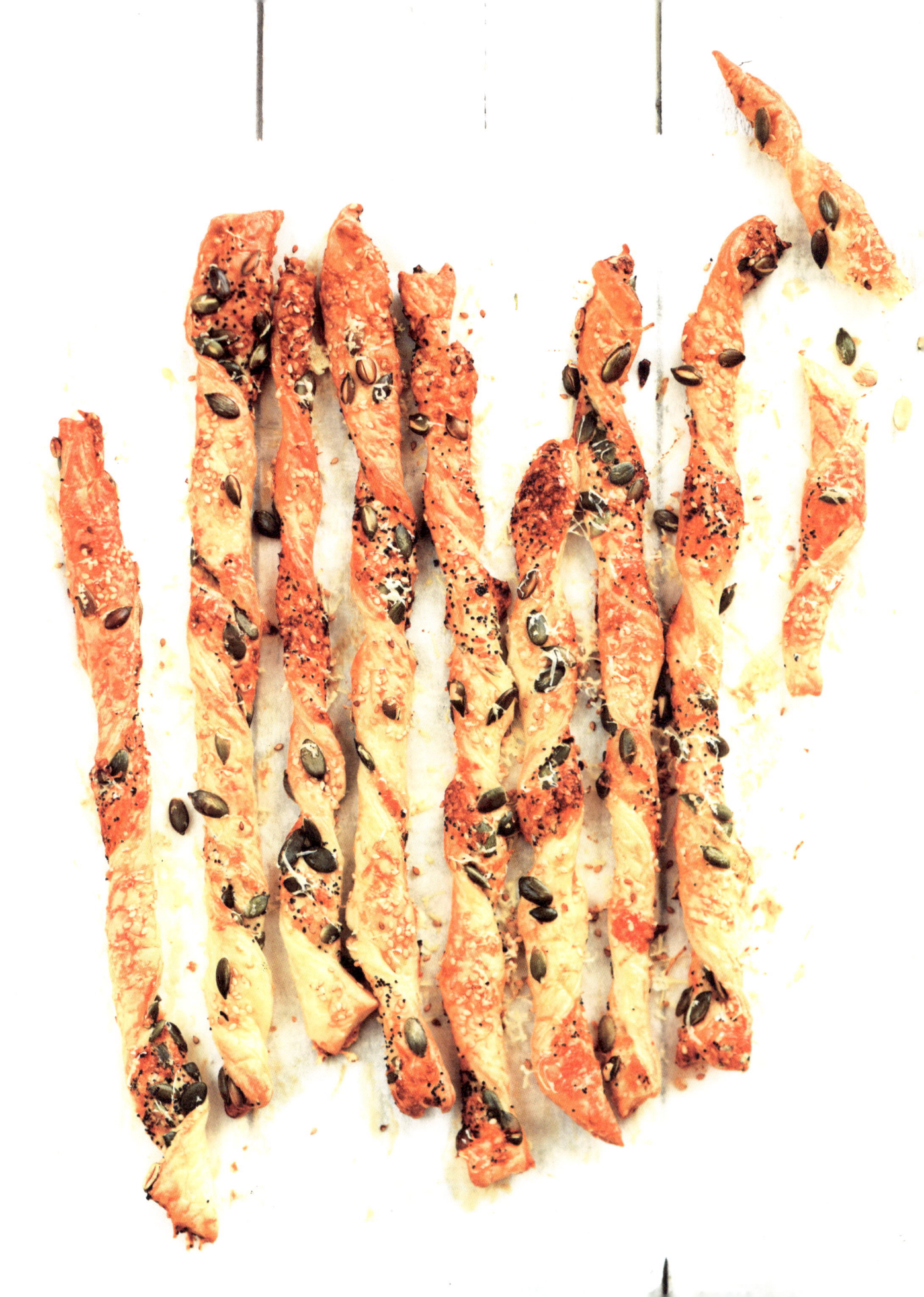

BISCOITOS
de pimentão

15 min

20 min

4 porções

1 Corte os pimentões em cubinhos. Numa tigela, misture a manteiga amolecida, o ovo e a farinha. Junte o parmesão e o pimentão. Tempere com sal e pimenta-do-reino.

2 Com a ajuda de duas colheres, forme bolinhas de massa e disponha-as em uma assadeira forrada com papel-manteiga. Achate-as levemente e leve ao forno preaquecido (180 °C) por 20 minutos.

3 Deixe os biscoitos esfriarem antes de retirar da fôrma.

Pimentão vermelho
2

Manteiga
100 g

Ovo
1

Farinha de trigo
1½ xícara (200 g)

Queijo parmesão ralado
50 g

TZATZIKI

10 min

Sem cozimento

4 porções

Sem glúten

1 Numa tigela, misture o iogurte com o alho sem casca amassado e o suco de limão.

2 Descasque o pepino e corte-o em cubinhos. Adicione-os à mistura, juntamente com a hortelã, e tempere com sal e pimenta-do-reino. Sirva bem gelado.

O tzatziki é uma pasta que pode ser apreciada com pães, torradas e saladas.

Iogurte grego
1 pote

Pepino
$1/2$

Alho
$1/2$ dente

Suco de limão
2 colheres (sopa)

Hortelã picada
10 folhas

HOMUS
de abóbora

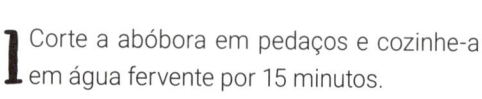

15 min

15 min

4 porções

Sem glúten

Vegana

Sem lactose

1 Corte a abóbora em pedaços e cozinhe-a em água fervente por 15 minutos.

2 Coloque no liquidificador ou no processador o grão-de-bico escorrido, o tahine, o cominho, o suco de limão e a abóbora cozida e escorrida. Tempere com sal e pimenta-do-reino e bata até a mistura ficar homogênea.

3 Acrescente azeite a gosto, mexa e salpique com coentro picado.

A receita original usa abóbora da variedade Hokkaido, mas você pode usar qualquer tipo nesta receita. A quantidade de grão-de-bico utilizada equivale a aproximadamente 1 lata ou 1 xícara. Ajuste a textura ao seu gosto adicionando um pouco da água do cozimento do grão-de-bico para deixar mais aveludada ou usando mais grãos para obter uma pasta mais rústica.

Abóbora
100 g

Grão-de-bico cozido
1 lata (240 g)

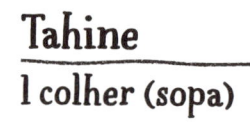

Tahine
1 colher (sopa)

Cominho em pó
1 colher (chá)

Limão-siciliano
$^1/_2$

... e também um pouco de
azeite de oliva

coentro

PASTA DE BETERRABA
e amêndoa

15 min

4 porções

Sem cozimento

Sem glúten

Vegana

Sem lactose

1 Descasque a beterraba e corte-a em cubos.

2 Coloque no liquidificador ou no processador o suco de limão, a pasta de amêndoa, as sementes de chia, a farinha de amêndoa e a beterraba. Bata até obter uma consistência homogênea. Tempere com sal e pimenta-do-reino. Se a mistura ficar muito rústica, acrescente um pouco de água.

Esta pasta pode ser degustada com pães, torradas, blinis etc. Outra opção é servi-la com uma massa.

Beterraba crua
1

Pasta de amêndoa
1 colher (sopa)

Farinha de amêndoa
2 colheres (sopa)

Limão-siciliano
1

Sementes de chia
1 colher (sopa)

PATÊ DE PIMENTÃO

15 min

30 min

4 porções

Sem lactose

Vegana

1 Corte os pimentões ao meio, retire as sementes e coloque-os numa assadeira com o lado cortado para baixo. Leve ao forno (200 °C) por 30 minutos.

2 Retire os pimentões do forno, coloque-os em um saco plástico e deixe por 15 minutos. Depois disso, retire-os do saco, remova a pele com uma faca ou a mão (não passe pela água para não perder o sabor defumado) e corte-os em pedaços.

3 Coloque os pimentões no liquidificador ou no processador, junte a cebola sem casca picada, o azeite, a farinha de rosca e o manjericão e bata até a mistura ficar homogênea. Tempere com sal e pimenta-do-reino. Sirva bem gelado.

A pasta de pimentão pode ser degustada com pão ou como dip, para mergulhar grissinis, torradinhas ou crudités (palitos de legumes crus).

Pimentão vermelho
2

Cebola branca
1

Azeite de oliva
4 colheres (sopa)

Farinha de rosca
1 colher (sopa)

Manjericão
10 folhas

GUACAMOLE

15 min

Sem cozimento

4 porções

Vegana

Sem glúten

Sem lactose

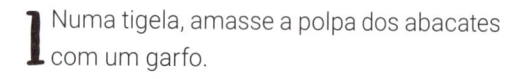

1 Numa tigela, amasse a polpa dos abacates com um garfo.

2 Adicione a cebola sem casca picada bem fino, o suco de limão e as especiarias. Tempere com sal e pimenta-do-reino e sirva.

Abacate bem maduro
2

Cebola branca
1

Limão
$^1/_2$

Cominho em pó
1 colher (chá)

Páprica doce
$^1/_2$ colher (chá)

PATÊ DE BERINJELA
com queijo feta

10 min

30 min

4 porções

Sem glúten

1 Corte a berinjela ao meio no sentido do comprimento e descasque o alho. Corte um pedaço grande de papel-alumínio ou papel-manteiga e coloque no centro a berinjela e o alho. Tempere com um fio de azeite, sal e pimenta-do-reino e leve ao forno (180 °C) por 30 minutos.

2 Retire a berinjela do forno e raspe o miolo com uma colher. Transfira-o para o liquidificador ou o processador, adicione o alho assado, o suco de limão, o queijo feta, o cominho, um pouco mais de azeite e bata até a mistura ficar homogênea. Se for necessário, acrescente mais sal. Espere esfriar para servir.

O patê pode ser degustado com baguete, pão pita, blinis etc.

Berinjela
1

Queijo feta
50 g

Alho
1 dente

Suco de limão
2 colheres (sopa)

Cominho em pó
1 colher (chá)

Azeite de oliva
Um fio

PATÊ DE SHIITAKE
com nozes

10 min   10 min

4 porções

Sem glúten

Vegana

Sem lactose

1 Corte os shiitakes em pedaços. Refogue-os por 10 minutos num pouco de azeite, juntamente com a echalota picada e o alho sem casca amassado.

2 Transfira o shiitake, a echalota e o alho refogados para o liquidificador ou o processador, acrescente as nozes e a pasta de amêndoa e bata até misturar bem. Tempere com sal e pimenta-do-reino, junte a cebolinha e deixe esfriar antes de consumir.

💡 *Se não encontrar echalotas, substitua por cebola pérola ou use cebolas bem pequenas. Sirva o patê com pães, blinis, torradas, como aperitivo ou para compor um lanche rápido.*

Shiitake
150 g

Echalota
1

Alho
1 dente pequeno

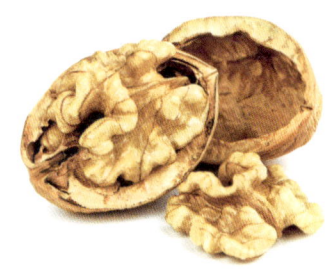

Nozes
10 g

Pasta de amêndoa
1 colher (sopa)

... e também um pouco de
azeite de oliva

cebolinha francesa picada

ESPETINHOS DE PEPINO,
mel e nozes

🕐 15 min

🍴 4 porções

🔥 Sem cozimento

Sem glúten

1 Descasque o pepino em intervalos regulares de modo que se formem listras ao longo do comprimento. Corte-o em pedaços de 10 cm e retire as sementes.

2 Numa tigela, coloque o cream cheese, o mel, as nozes picadas grosseiramente e o tomilho e misture até obter um creme homogêneo. Tempere com sal e pimenta-do-reino.

3 Recheie os pedaços de pepino com essa mistura e depois corte-os em rodelas de 1,5 cm. Espete-os em palitinhos e sirva-os bem gelados.

Pepino
1

Cream cheese
1 pote (150 g)

Mel
1 colher (sopa)

Nozes
20 g

Tomilho
2 ramos

ESPETINHOS DE FIGO,
queijo de ovelha e melão

10 min

4 porções

Sem cozimento

Sem glúten

Figo
3

Queijo de ovelha
50 g

1 Corte os figos em quatro partes e o melão e o queijo em cubos.

2 Monte os espetinhos inserindo um pedacinho de cada ingrediente em palitos de madeira para coquetel.

Se não encontrar ou não for época de melão-cantalupo, você pode utilizar outras variedades de melão, como o amarelo ou o orange.

Melão-cantalupo
¹/₄

SALADA GRECA
no espetinho

30 min

Sem cozimento

4 porções

Sem glúten

1 Corte os tomates e as azeitonas ao meio. Corte o pepino em rodelas grossas e depois em quatro, e o queijo em cubos grandes. Coloque tudo numa tigela e tempere com o azeite e o vinagre. Leve à geladeira por 30 minutos para marinar.

2 Insira os ingredientes alternadamente em palitos de madeira para coquetel e sirva.

Tomate cereja
16

Azeitona preta sem caroço
16

Pepino
1/2

Queijo feta
100 g

Azeite de oliva
3 colheres (sopa)

Vinagre de vinho tinto
1 colher (sopa)

CHIPS
de couve

10 min

20 min

4 porções

Sem glúten

Vegana

Sem lactose

Couve-toscana
5 folhas

Azeite de oliva
4 colheres (sopa)

Cominho em pó
1 colher (chá)

1 Com uma faca, retire os talos da couve e rasgue as folhas em pedaços. Coloque-os numa travessa com o azeite e o cominho. Tempere com sal e pimenta-do-reino e massageie as folhas com os dedos por 5 minutos.

2 Disponha a couve numa assadeira sem sobrepor os pedaços e leve ao forno (150 °C) por 20 minutos. Os chips devem ficar crocantes, por isso espere esfriar um pouco antes de consumir.

A couve-toscana possui folhas crespas e grossas e tambem é conhecida como kale. Se não encontrar, experimente outra variedade como a couve-galega, a portuguesa ou a tronchuda.

GRÃO-DE-BICO CROCANTE
com especiarias

5 min

30 min

4 porções

Sem glúten

Vegana

Sem lactose

Grão-de-bico cozido
1 lata (240 g)

Azeite de oliva
2 colheres (sopa)

1 Escorra o grão-de-bico e coloque-o numa tigela. Tempere com o azeite, as especiarias e sal.

2 Espalhe o grão-de-bico temperado numa assadeira e leve ao forno (200 °C) por 30 minutos, mexendo com uma espátula nos primeiros 10 minutos.

A quantidade de grão-de-bico utilizada equivale a aproximadamente 1 lata ou 1 xícara.

Cominho em pó
1 colher (chá)

Pimenta vermelha
1 colher (chá)

COGUMELOS
recheados

1 Retire as hastes dos cogumelos e remova um pouco da polpa. Numa tigela, coloque o cream cheese com o suco de limão e acrescente as ervas. Tempere com sal e pimenta-do-reino. Misture bem.

2 Recheie os cogumelos com essa mistura e sirva-os bem gelados.

Cogumelo-de-paris fresco
16

Cream cheese
1 pote (150 g)

Hortelã picada
1 colher (sopa)

Cebolinha francesa picada
10 talos

Manjericão picado
10 folhas

Suco de limão-siciliano
1 colher (sopa)

GOUGÈRES
de queijo roquefort

15 min 30 min

4 porções

1 Numa panela, ferva ½ xícara de água com a manteiga.

2 Retire do fogo, junte toda a farinha de uma vez só e misture bem. Volte a panela ao fogo, mexendo sempre, até obter uma bola de massa seca.

3 Fora do fogo, incorpore os ovos e depois o roquefort em pedaços. Tempere com sal e pimenta-do-reino.

4 Com a ajuda de duas colheres ou de um saco de confeitar, forme bolas de massa numa assadeira forrada com papel-manteiga. Leve ao forno (200 °C) por 25 minutos, até que as gougères cresçam e fiquem douradas.

Queijo roquefort
60 g

Manteiga
40 g

Farinha de trigo
½ xícara (75 g)

Ovo
2

GAZPACHO
de pimentão e melancia

10 min

4 porções

Sem cozimento

Sem glúten

Vegana

Sem lactose

Pimentão vermelho
2

Melancia
300 g

1 Descasque o pepino, tire as sementes dos pimentões, da melancia e dos tomates e corte todos em pedaços.

2 Coloque todos os ingredientes picados no liquidificador, adicione o gengibre e algumas folhas de hortelã e manjericão. Tempere com sal e pimenta-do-reino. Bata até a mistura ficar homogênea e sirva bem gelado.

Tomate
2

Pepino
1

Gengibre fresco
1 cm

... e também um pouco de

hortelã

manjericão

SOPA FRIA
de pepino e rúcula

5 min

Sem cozimento

4 porções

Sem glúten

1 Descasque o pepino e corte-o em pedaços. Coloque-o no liquidificador com todos os ingredientes, menos a cebolinha. Tempere com sal e pimenta-do-reino. Bata até que a mistura fique homogênea.

2 Sirva a sopa bem fria, salpicada com cebolinha.

Pepino
1

Rúcula
30 g

Iogurte natural
1

Suco de limão-siciliano
3 colheres (sopa)

Cebolinha francesa picada
10 ramos

SOPA GELADA
de melão com manjericão

5 min

Sem cozimento

4 porções

Sem glúten

Vegana

Sem lactose

Melão-cantalupo
1

Manjericão
1 maço pequeno

1 Retire a casca e as sementes do melão e bata a polpa no liquidificador juntamente com todos os outros ingredientes.

2 Tempere com sal e pimenta-do-reino e sirva a sopa bem gelada.

Se não encontrar ou não for época de melão-cantalupo, você pode utilizar outras variedades de melão, como o amarelo ou o orange.

Tomate
2

SOPA
de folhas de rabanete

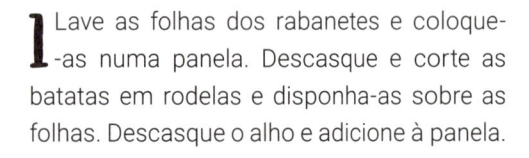

10 min

20 min

4 porções

Sem glúten

Vegana

Sem lactose

Rabanete

2 maços + algumas rodelas

Batata

4 pequenas

1 Lave as folhas dos rabanetes e coloque-as numa panela. Descasque e corte as batatas em rodelas e disponha-as sobre as folhas. Descasque o alho e adicione à panela.

2 Acrescente o cubo de caldo esfarelado, tempere com sal e pimenta-do-reino e cubra com água. Tampe e cozinhe por 20 minutos.

3 Transfira o cozido para o liquidificador e bata até ficar homogêneo. Sirva a sopa em tigelinhas e enfeite com rodelas de rabanete.

Alho

2 dentes

Caldo de legumes

1 cubo

VELOUTÉ DE CENOURA
com amendoim e coentro

10 min

30 min

4 porções

Sem glúten

Vegana

Sem lactose

Cenoura
4

Pasta de amendoim
1 colher (sopa)

1 Descasque as cenouras e corte-as em pedaços. Coloque-as numa panela, acrescente a cebola sem casca cortada em rodelas e água suficiente para cobrir os legumes. Tempere com sal e pimenta-do-reino. Cozinhe por 30 minutos, até as cenouras ficarem macias.

2 Passe o conteúdo da panela para o liquidificador, juntamente com a água do cozimento, e acrescente a pasta de amendoim e metade do coentro picado. Bata bem. Despeje a sopa em tigelinhas e salpique com o restante do coentro.

Coentro
1 maço pequeno

Cebola
1

SOPA DE CENOURA
com cominho e gengibre

10 min

35 min

4 porções

Sem glúten

Vegana

Sem lactose

1 Descasque as cenouras, corte-as em pedaços e reserve. Numa panela com um pouco de azeite, refogue a cebola sem casca picada, o alho sem casca amassado, o gengibre ralado e o cominho.

2 Junte as cenouras e cubra com água. Tempere com sal e pimenta-do-reino e cozinhe em fogo baixo por 30 minutos, até as cenouras ficarem macias. Bata a sopa no liquidificador e sirva-a bem quente.

Se quiser, decore com coentro picado e sementes de erva-doce.

Cenoura
8

Cominho em pó
2 colheres (chá)

Gengibre fresco
2 cm

Cebola
1

Alho
1 dente

Azeite de oliva
Um fio

SOPA DE MAÇÃ,
batata-doce e gengibre

10 min

35 min

4 porções

Sem glúten

Vegana

Sem lactose

Maçã

2

Batata-doce

1

1 Descasque as maçãs e a batata-doce e corte-as em pedaços. Numa panela, refogue a cebola sem casca picada num pouco de azeite, depois junte a maçã, a batata-doce e o gengibre ralado.

2 Cubra tudo com água, tempere com sal e pimenta-do-reino e cozinhe por 30 minutos, até tudo ficar macio. Bata a sopa no liquidificador, juntamente com o leite de coco, e sirva-a bem quente.

Há vários tipos de batata-doce. As variedades Covington e Beauregard têm a polpa laranja e a casca avermelhada. Seu sabor é mais suave que o das de polpa branca ou roxa. Aqui, você pode usar qualquer uma. (N. da T.)

Gengibre fresco

2 cm

Cebola

1

Leite de coco

3 colheres (sopa)

Azeite de oliva

Um fio

VELOUTÉ DE COGUMELO,
cream cheese e curry

10 min

25 min

4 porções

Sem glúten

1 Numa panela com um pouco de azeite, refogue os cogumelos, as cebolas sem casca cortadas em rodelas e o curry. Tempere com sal e pimenta-do-reino.

2 Acrescente água até cobrir os legumes e cozinhe por 15 minutos. Bata a sopa no liquidificador com o cream cheese e sirva-a bem quente.

Cogumelo-de-paris
250 g

Cream cheese
50 g

Curry
1 colher (chá)

Cebola
2

Azeite de oliva
Um fio

SOPA DE LENTILHA VERMELHA
e tomate

1 Numa panela grande com um pouco de azeite, refogue a cebola sem casca cortada em rodelas e o coentro em pó.

2 Junte a lentilha e o tomate, cubra tudo com água e tempere com sal e pimenta-do-reino. Cozinhe por 30 minutos, até as lentilhas ficarem macias.

3 Bata tudo no liquidificador, juntamente com o coentro fresco (separe algumas folhinhas para a decoração). Sirva a sopa bem quente em tigelinhas e decore com o coentro reservado.

Lentilha vermelha
50 g

Tomate pelado
1 lata (400 g)

Cebola
1

Coentro em pó
1 colher (chá)

Coentro fresco
Algumas folhas

Azeite de oliva
Um fio

SOPA DE ABÓBORA
com castanha portuguesa

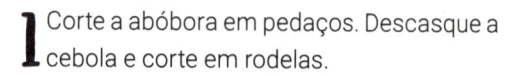

10 min · 35 min

4 porções · Sem glúten

Vegana · Sem lactose

1 Corte a abóbora em pedaços. Descasque a cebola e corte em rodelas.

2 Numa panela grande com um pouco de azeite, refogue a cebola e o dente de alho sem casca amassado. Junte a abóbora, deixe dourar por alguns minutos e cubra tudo com água. Tempere com sal e pimenta-do-reino e cozinhe em fogo baixo por 30 minutos.

3 Bata a sopa no liquidificador com metade das castanhas. Disponha em tigelinhas, salpique com o restante das castanhas picadas e sirva bem quente.

Abóbora
1

Castanha portuguesa cozida
100 g

Cebola
1

Alho
1 dente

Azeite de oliva
Um fio

SALADA DE PRIMAVERA
com morango e tomate cereja

15 min

5 min

4 porções

Sem glúten

Morango
150 g

Tomate cereja
200 g

1 Corte os morangos e os tomates em quatro e rasgue a rúcula e a mozarela em pedaços. Junte tudo em uma vasilha e misture.

2 Toste os pignoli por 1 ou 2 minutos em uma frigideira sem óleo e junte-os à salada com o manjericão picado. Regue com o azeite e o vinagre, tempere com sal e sirva.

💡 *Pignoli são as sementes de um pinheiro típico da região do Mediterrâneo. Se não encontrar, substitua por sementes de girassol.*

Rúcula
50 g

Mozarela de búfala
2 bolas grandes

Pignoli
50 g

... e também um pouco de

manjericão, 10 folhas

azeite de oliva, 3 colheres (sopa)

vinagre balsâmico, 1 colher (sopa)

SALADA
de fitas de abobrinha

15 min

5 min

4 porções

Sem glúten

Vegana

Sem lactose

Abobrinha
2

Amêndoa laminada
30 g

Azeite de oliva
5 colheres (sopa)

Suco de limão-siciliano
5 colheres (sopa)

1 Com um cortador de legumes, corte as abobrinhas em tiras largas.

2 Toste as amêndoas por 1 ou 2 minutos em uma frigideira sem óleo. Depois que esfriarem, salpique-as sobre as fitas de abobrinha. Tempere com sal e pimenta-do-reino, regue com o azeite e o suco de limão. Sirva a salada bem fresca.

TABULE
com sementes

1 Coloque a semolina e o trigo hidratados numa saladeira e junte os tomates sem sementes picados e o pepino cortado em cubos.

2 Toste as sementes por 1 ou 2 minutos em uma frigideira sem óleo e salpique-as sobre o tabule. Regue com o azeite e o suco de limão. Acrescente as azeitonas sem caroço cortadas em rodelas. Tempere com sal e pimenta-do-reino e misture bem. Leve à geladeira no mínimo por 2 horas. Antes de servir, regue a salada com mais um fio de azeite.

Se não encontrar semolina, substitua por cuscuz marroquino (siga as instruções da embalagem para hidratá-lo, assim como para o trigo e a semolina antes de usá-los).

Semolina
100 g

Trigo para quibe
100 g

Tomate
2

Pepino
1

Mix de sementes
50 g (abóbora, gergelim e girassol)

... e também um pouco de

azeite de oliva, 3 colheres (sopa)

+ um fio para regar

limão, 1

azeitonas pretas

SALADA DE ALFACE-DE-CORDEIRO,
pêssego e amêndoa

10 min

5 min

4 porções

Sem glúten

Sem lactose

Mâche

100 g

Pêssego

2

1 Coloque a verdura lavada em uma saladeira. Descasque os pêssegos, remova o caroço, corte em pedaços e adicione à saladeira.

2 Toste as lâminas de amêndoa por 1 ou 2 minutos em uma frigideira sem óleo. Depois que esfriarem, junte-as à salada. Coloque numa tigelinha o azeite, o vinagre, o mel e a mostarda, misture bem e regue a salada com esse molho.

Mâche, nome francês para a alface-de-cordeiro ou alface-do-campo (Valerianella locusta), é uma verdura muito usada em saladas na Europa. Se não a encontrar nos mercados municipais, substitua-a pela alface mimosa. (N. da T.)

Amêndoa laminada

20 g

Mel

1 colher (sopa)

Mostarda em grãos

1 colher (chá)

... e também um pouco de

azeite de oliva, 3 colheres (sopa)

vinagre, 1 colher (sopa)

SALADA DE PEPINO
e cogumelos

1 Descasque o pepino e corte-o em rodelas. Corte os cogumelos em fatias. Disponha tudo em uma saladeira.

2 Numa tigela, misture o creme de ricota com a cebola sem casca e a cebolinha picadas. Tempere com sal e pimenta-do-reino. Despeje esse molho sobre o pepino e os cogumelos e sirva a salada bem gelada.

A receita original é preparada com fromage blanc, um queijo fresco cremoso, feito com leite de vaca, muito utilizado na França em saladas e até sobremesas. Se não encontrá-lo, siga a sugestão de utilizar creme de ricota, creme de queijo minas frescal ou mesmo cream chesse misturado com um pouco de creme de leite fresco para ficar mais aveludado.

Pepino
1

Cogumelo-de-paris
250 g

Creme de ricota
150 g

Cebola branca
1

Cebolinha francesa
10 talos

SALADA DE GRÃO-DE-BICO
com pepino e queijo feta

10 min

30 min

4 porções

Sem glúten

1 Escorra o grão-de-bico e coloque-o numa assadeira. Regue com metade do azeite e tempere com sal, pimenta-do-reino e as especiarias.

2 Misture bem e leve ao forno (180 °C) por 30 minutos, mexendo de vez em quando. Deixe esfriar.

3 Corte o pepino e o queijo feta em cubinhos. Misture-os ao grão-de-bico crocante e regue com o restante do azeite.

A quantidade de grão-de-bico utilizada equivale a aproximadamente 1 lata ou 1 xícara.

Grão-de-bico cozido
1 lata (240 g)

Pepino
1

Queijo feta
150 g

Azeite de oliva
4 colheres (sopa)

... e também um pouco de

cominho em pó

cúrcuma em pó

páprica em pó

SALADA DE ERVA-DOCE,
abacate e laranja

15 min
30 min
4 porções
Sem glúten
Sem lactose

Erva-doce
1 bulbo

Laranja
2

1 Corte a erva-doce em tiras e disponha-as em uma assadeira. Regue com azeite, tempere com sal e pimenta-do-reino e leve ao forno (180 °C) por 30 minutos. Deixe esfriar.

2 Corte as laranjas em gomos e o abacate em cubos, junte-os à erva-doce e coloque tudo numa saladeira.

3 Numa tigelinha, misture o suco de limão, o mel e o azeite. Regue a salada com esse molho e sirva.

Abacate
1

Limão-siciliano
$^1/_2$

... e também um pouco de
azeite de oliva, 3 colheres (sopa)

Mel
1 colher (sopa)

SALADA DE QUINOA,
laranja e romã

15 min

10 min

4 porções

Sem glúten

1 Cozinhe a quinoa por 10 minutos numa panela com água em quantidade duas vezes maior que o volume do grão. Retire do fogo, tampe e deixe por 10 minutos, até o grão inchar. Coloque a quinoa em uma saladeira e espere esfriar.

2 Corte as laranjas em pedaços, junte-as à quinoa e adicione o queijo feta cortado em cubinhos. Retire as sementes da romã e acrescente-as à salada.

3 Numa tigelinha, misture o azeite com o suco de limão, tempere com sal e pimenta-do-reino e regue a salada com esse molho. Sirva-a bem gelada.

Quinoa
400 g

Laranja
2

Romã
$\frac{1}{2}$

Queijo feta
100 g

Limão-siciliano
$\frac{1}{2}$

Azeite de oliva
3 colheres (sopa)

OVOS MIMOSA
recheados com abacate

10 min

10 min

4 porções

Sem glúten

Sem lactose

1 Cozinhe os ovos em água fervente por 10 minutos. Descasque-os, corte-os ao meio e separe as gemas das claras.

2 Misture as gemas, a polpa do abacate, o suco de limão, o coentro, a páprica e tempere com sal e pimenta-do-reino. Bata no processador ou amasse com um garfo até a pasta ficar homogênea. Disponha esse recheio dentro das claras e sirva gelado.

Ovo
4

Abacate
1

Suco de limão
1 colher (sopa)

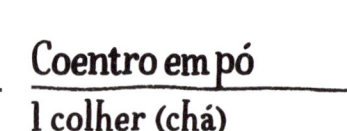

Coentro em pó
1 colher (chá)

Páprica
1 colher (chá)

MINIQUICHES
de queijo cantal

10 min

25 min

4 porções

1 Numa tigela, misture a farinha com os ovos. Junte o leite, o creme de leite e a cebolinha. Tempere com sal e pimenta-do-reino.

2 Unte algumas forminhas de quiche, forre-as com pedaços de queijo e cubra-os com a massa. Leve ao forno preaquecido (180 °C) por 25 minutos.

O cantal é um queijo francês de Auvergne, produzido com leite de vaca, curado e prensado. Pode ser substituído pelo emmenthal ou mimolette. (N. da T.)

Queijo cantal
50 g

Farinha de trigo
2 colheres (sopa)

Ovo
2

Leite
200 ml

Creme de leite fresco
3 colheres (sopa)

Cebolinha francesa
Alguns talos

ROLINHOS
primavera

1 Coloque a aletria numa tigela e cubra com água fervente. Deixe repousar por 5 minutos e escorra.

2 Use o ralo grosso do ralador para raspar a cenoura e o gengibre. Corte os abacates em pedaços. Mergulhe 1 folha de arroz numa tigela com água quente, coloque-a sobre um pano de prato limpo e disponha no centro 3 folhas de hortelã, um pouco da aletria e da cenoura e alguns pedaços de abacate e de gengibre. Tempere com sal e pimenta-do-reino.

3 Dobre as bordas direita e esquerda da folha para o centro e enrole delicadamente de baixo para cima, fechando bem. Repita o procedimento com as outras folhas até os ingredientes acabarem.

Sirva bem gelado, acompanhado de molho agridoce.

Folhas de arroz
8

Aletria de arroz
50 g

Cenoura
1

Abacate
2

Hortelã
1 maço pequeno

Gengibre fresco
2 cm

PANNA COTTA
de queijo de cabra fresco e pepino

10 min

5 min

4 porções

Geladeira 2 h

Sem glúten

1 Amasse o queijo de cabra e incorpore a ele o creme de leite e o leite. Coloque tudo numa panela e junte o ágar-ágar. Tempere com sal e pimenta-do-reino e deixe ferver por 2 minutos. Disponha a mistura em tacinhas e reserve na geladeira por 2 horas.

2 Corte o pepino em cubinhos e misture-o com o suco de limão e o endro. Quando for servir, coloque esse tartare de pepino sobre o creme de queijo em cada tacinha.

Queijo de cabra fresco
80 g

Pepino
½

Creme de leite fresco
200 ml

Leite
200 ml

Ágar–ágar
½ sachê (1 g)

... e também um pouco de
limão, ½

endro picado

TERRINA
de aspargos

15 min

40 min

4 porções

Sem glúten

1 Escorra os aspargos brancos e bata-os no liquidificador com os ovos e o creme de leite. Tempere com sal e pimenta-do-reino.

2 Corte os aspargos verdes em pedacinhos e incorpore-os à mistura de aspargo branco. Disponha tudo numa fôrma para bolo inglês untada e leve ao forno (180 °C) por 40 minutos. Sirva a terrina fria.

Aspargo branco em conserva
1 vidro (220 g)

Aspargo verde fresco
1 maço (110 g)

Ovo
6

Creme de leite fresco
200 ml

TERRINA
de nozes

15 min

5 min

4 porções

Repouso
30 min

Vegana

Sem lactose

1 Numa panela com um pouco de azeite, refogue a cebola sem casca picada e o alho sem casca amassado. Coloque a mistura no liquidificador e bata com o tofu e as nozes. Incorpore o ágar-ágar, recoloque tudo na panela e ferva por 2 minutos.

2 Adicione a cebolinha picada e disponha tudo numa tigelinha. Leve à geladeira por 30 minutos, até a mistura ganhar consistência, e desenforme num prato.

 Sirva a terrina com pães ou blinis.

Tofu macio
150 g

Nozes
50 g

Cebola
1

Alho
1 dente

Ágar-ágar
1 sachê (2 g)

... e também um pouco de

azeite de oliva

cebolinha francesa

BOLO SALGADO
de pimentão e queijo mimolette

10 min

40 min

4 porções

1 Numa tigela, misture os ovos, a farinha de trigo e o fermento. Adicione o leite e o azeite e misture bem. Incorpore o pimentão e o queijo cortados em cubos e o manjericão. Tempere com sal e pimenta-do-reino.

2 Disponha a massa numa fôrma de bolo inglês untada e enfarinhada e leve ao forno (180 °C) por 40 minutos. Antes de desenformar, deixe esfriar.

O queijo mimolette é produzido com leite de vaca cru e prensado. Sua pasta é dura e alaranjada. Você pode substituí-lo por queijo emmenthal ou edam. (N. da T.)

Pimentão vermelho
1

Queijo mimolette
150 g

Ovo
2

Farinha de trigo
1 xícara (150 g)

Fermento químico em pó
1 sachê (11 g)
ou 1 colher (chá)

... e também um pouco de

leite, ¼ xícara

azeite de oliva, 5 colheres (chá)

manjericão picado

ABOBRINHAS
empanadas

10 min   10 min

4 porções   Sem lactose

Vegana

1 Corte a abobrinha em rodelas de aproximadamente 1 cm de espessura.

2 Numa tigela, misture a farinha de trigo, o fermento e o cominho. Aos poucos, junte ½ xícara de água, mexendo constantemente. A massa não deve ficar nem muito líquida nem muito espessa. Tempere com sal e pimenta-do-reino.

3 Numa panela, aqueça o óleo. Mergulhe as rodelas de abobrinha na massa e coloque-as no óleo quente. Deixe fritar por uns 5 minutos, virando uma vez, até ficarem douradas. Escorra-as em papel absorvente e sirva.

Sirva as abobrinhas com um molho de iogurte e ervas finas.

Abobrinha
1

Farinha de trigo
$^3/_4$ de xícara (100 g)

Fermento químico em pó
$^1/_2$ sachê (6 g) ou $^1/_2$ colher (chá)

Cominho em pó
$^1/_2$ colher (chá)

Óleo de fritura
1 litro

SALADA DE QUINOA
com erva-doce e grapefruit

10 min

30 min

4 porções

Sem glúten

Vegana

Sem lactose

Quinoa
200 g

Erva-doce
2 bulbos

1 Corte a erva-doce em tiras. Coloque-as numa travessa refratária, espalhe por cima as sementes de abóbora e regue com azeite. Tempere com sal e pimenta-do-reino e leve ao forno (180 °C) por 30 minutos, mexendo de vez em quando.

2 Enquanto isso, cozinhe a quinoa por 10 minutos numa panela tampada com água fervente em quantidade duas vezes maior que seu volume. Retire do fogo e deixe a quinoa na panela tampada por mais 10 minutos, para finalizar o cozimento. Espere esfriar.

3 Numa saladeira, disponha a erva-doce, a quinoa e os grapefruits descascados e cortados em gomos. Regue tudo com um pouco de azeite, tempere com sal e pimenta-do-reino e sirva a salada quente ou fria.

Grapefruit
2

Semente de abóbora
2 colheres (sopa)

Azeite de oliva
Um fio

SALADA DE LENTILHA,
maçã e queijo feta

10 min | 30 min

4 porções | Sem glúten

1 Lave a lentilha e cozinhe-a por 30 minutos em água em quantidade duas vezes e meia maior que seu volume. Escorra, passe para uma saladeira e deixe esfriar.

2 Descasque a maçã, retire o miolo e corte-a em cubos. Descasque e pique a cebola. Corte os pimentões em tiras e o queijo em cubos. Junte tudo à lentilha e disponha numa saladeira.

3 Numa tigelinha, misture o azeite com a mostarda e tempere com sal e pimenta-do-reino. Regue a salada com esse molho e sirva.

Lentilha verde
100 g

Maçã
1

Queijo feta
100 g

Pimentão verde e vermelho
2 pequenos

... e também um pouco de

azeite de oliva, 3 colheres (sopa)

mostarda, 1 colher (sopa)

Cebola branca
1

SALADA DE BATATA,
queijo de cabra e uva

10 min

20 min

4 porções

Sem glúten

1 Descasque as batatas, corte-as em rodelas e cozinhe-as por 20 minutos em água fervente com sal. Deixe esfriar.

2 Enquanto isso, cozinhe os ovos por 10 minutos em água fervente.

3 Numa saladeira, coloque a batata, os ovos descascados e cortados em quatro, o queijo em pedaços, as uvas cortadas ao meio sem sementes e as nozes.

4 Numa tigelinha, misture o azeite, o vinagre e a mostarda e regue a salada com esse molho.

Se quiser, salpique a salada com coentro antes de servir.

Batata
500 g

Queijo de cabra
150 g

Uva preta
200 g

Nozes
40 g

Ovo
3

... e também um pouco de

azeite de oliva, 3 colheres (sopa)

vinagre, 1 colher (sopa)

mostarda em grãos, 1 colher (chá)

SALADA DE CUSCUZ,
queijo feta e tomate

10 min   10 min

4 porções

1 Hidrate o cuscuz seguindo as instruções da embalagem. Passado o período de descanso, solte os grãos com um garfo. Passe para uma saladeira e deixe esfriar.

2 Corte o queijo, os tomates e o pepino em cubinhos. Adicione-os ao cuscuz, juntamente com a cebola sem casca picada.

3 Numa tigelinha, misture o azeite com o vinagre, tempere com sal e pimenta-do-reino e regue a salada com esse molho. Sirva-a bem gelada.

Se desejar, salpique a salada com coentro antes de servir.

Cuscuz marroquino
200 g

Queijo feta
100 g

Tomate
3

Pepino
1/2

Cebola branca
1

... e também um pouco de

azeite de oliva, 3 colheres (sopa)

vinagre, 1 colher (sopa)

SALADA DE QUINOA,
maçã e queijo faisselle

15 min

10 min

4 porções

Repouso
10 min

Sem glúten

1 Cozinhe a quinoa por 10 minutos numa panela tampada com água fervente em quantidade duas vezes maior que seu volume. Retire do fogo e deixe a quinoa na panela por mais 10 minutos, para finalizar o cozimento. Espere esfriar.

2 Descasque as maçãs, retire o miolo e corte-as em pedaços. Misture-as com a quinoa. Regue com o azeite e o suco de limão. Tempere com sal e pimenta-do-reino. Sirva bem gelado, acompanhado do queijo faisselle.

O faisselle é um queijo fresco e cremoso, feito com leite de vaca, cabra ou ovelha, produzido em diversas regiões da França. Pode ser substituído pelo queijo cottage. (N. da T.)

Quinoa
400 g

Maçã verde
2

Queijo faisselle
200 g

Azeite de oliva
3 colheres (sopa)

Suco de limão-siciliano
1 colher (sopa)

SALADA DE COUVE,
abacate e nozes

15 min   Sem cozimento

4 porções   Repouso 30 min

Vegana   Sem glúten

Couve-toscana
2 maços

Abacate
1

1 Remova os talos da couve e rasgue as folhas grosseiramente. Coloque-as numa saladeira.

2 Numa tigela, amasse metade da polpa do abacate e misture com o suco de limão. Tempere com sal e pimenta-do-reino e disponha essa mistura sobre a couve. Depois, massageie as folhas com as mãos por 10 minutos para amaciá-las e impregná-las bem de abacate.

Nozes
40 g

Limão-siciliano
$\frac{1}{2}$

3 Deixe descansar por 30 minutos e adicione a outra metade do abacate em cubos, as nozes e a cebola sem casca cortada em rodelas.

A couve-toscana possui folhas crespas e grossas e tambem é conhecida como kale. Se não encontrar, experimente outra variedade como a couve-galega, a portuguesa ou a tronchuda.

Cebola roxa
1

SALADA DE LENTILHA,
quinoa e nozes

15 min

20 min

4 porções

Repouso

10 min

Vegana

Sem glúten

Lentilha verde
300 g

Quinoa
200 g

1 Cozinhe a lentilha numa panela com água por 20 minutos. Em outra panela, coloque água em quantidade equivalente a duas vezes seu volume e cozinhe a quinoa por 10 minutos. Retire do fogo, tampe e deixe os grãos inchar por mais 10 minutos.

2 Depois de frios, misture a lentilha com a quinoa numa saladeira, adicione as nozes e a cebolinha picada.

3 Numa tigelinha, misture o azeite com o vinagre e regue a salada com esse molho. Sirva-a bem fria.

Se não encontrar o vinagre de nozes, substitua pelo vinagre de maçã.

Nozes
60 g

Cebolinha francesa
1 colher (sopa)

Vinagre de nozes
1 colher (sopa)

Azeite de oliva
3 colheres (sopa)

SALADA
Waldorf

1 Numa saladeira, coloque as folhas de alface lavadas e escorridas. Descasque as maçãs, retire o miolo e corte em pedaços pequenos. Corte o salsão em rodelinhas. Adicione tudo à saladeira e salpique com algumas nozes.

2 Numa tigelinha, coloque o azeite, o vinagre e a mostarda, tempere com sal e pimenta-do-reino e mexa bem. Regue a salada com esse molho, misture e sirva em seguida.

Se não encontrar o vinagre de nozes, substitua pelo vinagre de maçã.

Alface lisa
1 pé pequeno

Maçã verde
2

Salsão
2 talos

Nozes
50 g

Mostarda em grãos
1 colher (chá)

... e também um pouco de
azeite de oliva, 3 colheres (sopa)

vinagre de nozes, 1 colher (sopa)

SALADA DE REPOLHO
com halloumi grelhado

15 min   2 min

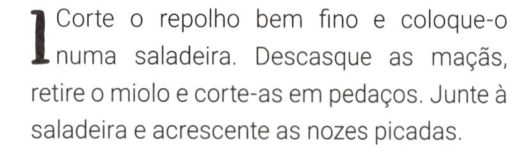

4 porções   Sem glúten

1 Corte o repolho bem fino e coloque-o numa saladeira. Descasque as maçãs, retire o miolo e corte-as em pedaços. Junte à saladeira e acrescente as nozes picadas.

2 Numa tigelinha, misture o azeite, o vinagre e a mostarda. Tempere com sal e pimenta-do-reino e regue a salada com esse molho.

3 Corte o queijo em fatias e doure-as rapidamente numa frigideira com um pouco de azeite, virando-as uma vez. Salpique com gergelim e sirva sobre a salada.

O queijo halloumi é originário do Chipre e muito popular na Grécia, na Turquia e em países do Oriente Médio. Se quiser, substitua-o pelo queijo de coalho, de consistência semelhante. (N. da T.)

Repolho branco
1/4

Maçã
2

Queijo halloumi
200 g

Nozes
30 g

Gergelim branco
1 colher (sopa)

... e também um pouco de

azeite de oliva, 3 colheres (sopa)

+ um fio para cozinhar

vinagre de xerez, 1 colher (sopa)

mostarda em grãos, 1 colher (chá)

SALADA DE QUINOA
e laranja

15 min   15 min

4 porções

Sem glúten

Vegana

Sem lactose

Quinoa
400 g

Laranja
3

1 Numa panela tampada, cozinhe a quinoa por 15 minutos em uma quantidade de água duas vezes maior que seu volume. Retire do fogo, junte o suco de 1 laranja e deixe os grãos na panela tampada por mais 10 minutos para terminar o cozimento.

Abacate
2

Amêndoa laminada
30 g

2 Corte a polpa dos abacates e das laranjas restantes em pedaços. Toste as amêndoas por 1 ou 2 minutos em uma frigideira sem óleo.

3 Numa saladeira, misture a quinoa, o abacate e a laranja. Salpique com as amêndoas. Regue a salada com um fio de azeite e tempere com sal e pimenta-do-reino. Sirva-a fria.

Azeite de oliva
Um fio

SALADA DE ARROZ
com abacaxi, abacate e cebola roxa

15 min

15 min

4 porções

Sem glúten

Vegana

Sem lactose

Arroz basmati
300 g

Abacaxi
¹/₂

1 Cozinhe o arroz seguindo as instruções da embalagem. Escorra-o e deixe esfriar.

2 Descasque o abacaxi, os abacates e a cebola e corte-os em pedacinhos. Disponha tudo numa saladeira, adicione o arroz e misture.

3 Regue a salada com o azeite e o suco de limão. Tempere com sal e pimenta--do-reino e salpique com o coentro. Sirva bem fria.

Abacate
2

Cebola roxa
1

Limão–siciliano
¹/₂

... e também um pouco de

azeite de oliva, 3 colheres (sopa)

coentro picado

SALADA MEXICANA
de arroz e feijão-vermelho

15 min

20 min

4 porções

Sem glúten

Vegana

Sem lactose

1 Coloque o arroz em uma tigela. Junte o feijão, o milho e a cebola descascada e cortada em rodelas e misture.

2 Numa tigelinha, misture o azeite, o suco de limão e a pimenta. Tempere com sal e pimenta-do-reino. Regue a salada com esse molho e misture bem antes de servir.

Arroz cozido
200 g

Feijão-vermelho cozido
200 g

Milho cozido
200 g

Cebola roxa
1

... e também um pouco de

azeite de oliva, 3 colheres (sopa)

limão-siciliano, ½

Pimenta vermelha em pó
1 colher (chá)

SALADA TAILANDESA
de arroz com frutas tropicais

20 min

15 min

4 porções

Sem glúten

Vegana

Sem lactose

Arroz basmati
250 g

Abacaxi
1 pequeno

1 Cozinhe o arroz seguindo as instruções da embalagem. Escorra-o e deixe esfriar.

2 Descasque e corte o abacaxi e a manga em cubos. Retire a polpa dos maracujás com uma colher. Numa saladeira, coloque o arroz, adicione as frutas e misture bem.

3 Misture em uma tigelinha o azeite, o suco de limão e a mostarda. Tempere com sal e pimenta-do-reino. Regue a salada com esse molho e sirva-a bem fria.

Manga
1 bem madura

Maracujá
3

Limão
1

... e também um pouco de

azeite de oliva, 3 colheres (sopa)

mostarda, 1 colher (chá)

TARTINES DE ROQUEFORT,
nozes e uva

10 min 15 min

4 porções

1 Coloque as fatias de pão em uma assadeira. Corte o queijo em fatias, distribua-as sobre as fatias de pão e espalhe algumas nozes por cima.

2 Corte as uvas ao meio, retire as sementes e disponha as metades sobre as tartines. Salpique com a cebolinha picada e leve ao forno (180 °C) por 15 minutos.

Sirva com salada de tomate.

Pão italiano
4 fatias

Queijo roquefort
100 g

Nozes
25 g

Uva preta
50 g

Cebolinha francesa
2 colheres

TARTINES DE PERA,
gorgonzola e nozes

⏰ **5 min** 🔲 **15 min**

🍴 **4 porções**

1 Coloque as fatias de pão numa assadeira. Disponha sobre cada fatia uma rodela de pera e uma fatia de queijo gorgonzola.

2 Salpique com nozes picadas grosseiramente e regue-as com mel. Salpique com folhas de alecrim e leve ao forno (180 °C) por 15 minutos.

 Sirva com salada verde.

Pão italiano
4 fatias

Pera
2

Queijo gorgonzola
200 g

Nozes
30 g

Mel
1 colher (sopa)

Alecrim
1 ramo

BRUSCHETTA DE PESTO,
mozarela e tomate

10 min

20 min

4 porções

1 Esfregue as fatias de pão com o alho descascado, regue-as com um pouco de azeite e espalhe o molho pesto por cima.

2 Cubra com a mozarela cortada em rodelas e com os tomates cortados ao meio. Tempere com sal e pimenta-do-reino. Leve ao forno (180 °C) por 20 minutos.

 Sirva com salada de rúcula.

Pão italiano
4 fatias

Molho pesto
4 colheres (chá)

Queijo mozarela de búfala
2 bolas grandes

Tomate cereja
200 g

Alho
1 dente

Azeite de oliva
Um fio

TARTINES DE QUEIJO DE OVELHA,

tomate seco e uva

⏰ 10 min　　🔥 15 min

🍴 4 porções

1 Corte o queijo em fatias e disponha-as sobre o pão. Cubra o queijo com os tomates picados. Corte as uvas ao meio, retire as sementes e coloque-as sobre o tomate.

2 Salpique as tartines com as ervas e regue com um pouco de azeite. Leve ao forno (180 °C) por 15 minutos.

💡 *Sirva com a salada de lentilha, quinoa e nozes (receita na p. 108).*

Pão italiano
4 fatias grandes

Queijo de ovelha
150 g

Tomate seco
4–8

Uva preta
30 g

Ervas de Provence
1 colher (sopa)

Azeite de oliva
Um fio

QUICHE
de mostarda

20 min

30 min

4 porções

1 Abra a massa numa fôrma de torta (redonda com fundo removível).

2 Numa tigela, misture os ovos com o creme de leite, a mostarda e o queijo. Tempere com sal e pimenta-do-reino e disponha esse recheio sobre a massa de torta. Leve ao forno preaquecido (180 °C) por 30 minutos.

Para fazer a massa podre, misture com a ponta dos dedos 200 g de manteiga, 250 g de farinha de trigo e uma pitada de sal, formando uma farofa grossa. Junte 50 ml de água gelada aos poucos e amasse até obter uma massa macia. Refrigere por 30 minutos antes de usar.

Massa podre
1 receita

Mostarda em grãos
120 g

Ovo
3

Creme de leite fresco
200 ml

Queijo gruyère ralado
100 g

QUICHE
de legumes

⏰ **15 min**   🔲 **25 min**

🍴🍴🍴🍴 **4 porções**

1 Abra a massa numa fôrma de torta (redonda com fundo removível). Corte os legumes em pedacinhos e descasque e amasse o alho. Refogue-os numa frigideira com azeite por 15 minutos e tempere com sal e pimenta-do-reino. Espere esfriar um pouco e espalhe esse recheio sobre a massa.

2 Numa tigela, bata os ovos com o leite e o creme de leite. Disponha essa mistura sobre os legumes e leve ao forno preaquecido (180 °C) por 25 minutos.

💡 *Para fazer a massa podre, misture com a ponta dos dedos 200 g de manteiga, 250 g de farinha de trigo e uma pitada de sal, formando uma farofa grossa. Junte 50 ml de água gelada aos poucos e amasse até obter uma massa macia. Refrigere por 30 minutos antes de usar.*

💡 *Nesta receita, foram utilizados berinjela, tomate e abobrinha, mas você pode combinar os legumes de sua preferência.*

Massa podre
1 receita

Mix de legumes
500 g

Alho
1 dente

Ovo
2

Leite
150 ml

Creme de leite fresco
1 colher (sopa)

QUICHE DE ALHO-PORÓ,
cogumelo e tofu

15 min

45 min

4 porções

1 Corte o alho-poró em rodelas e refogue-o em um pouco de azeite por 10 minutos. Adicione os cogumelos picados e cozinhe por mais 5 minutos. Tempere com sal e pimenta-do-reino.

2 Bata o tofu com a mostarda, depois acrescente o alho-poró e os cogumelos. Unte uma fôrma de torta e forre-a com a massa. Disponha o recheio sobre ela e leve ao forno (180 °C) por 30 minutos.

Para fazer a massa podre, misture com a ponta dos dedos 200 g de manteiga, 250 g de farinha de trigo e uma pitada de sal, formando uma farofa grossa. Junte 50 ml de água gelada aos poucos e amasse até obter uma massa macia. Refrigere por 30 minutos antes de usar.

Massa podre
1 receita

Alho-poró
2 talos

Cogumelo-de-paris
200 g

Tofu macio
200 g

Mostarda
2 colheres (sopa)

Azeite de oliva
Um fio

QUICHE
de aspargo

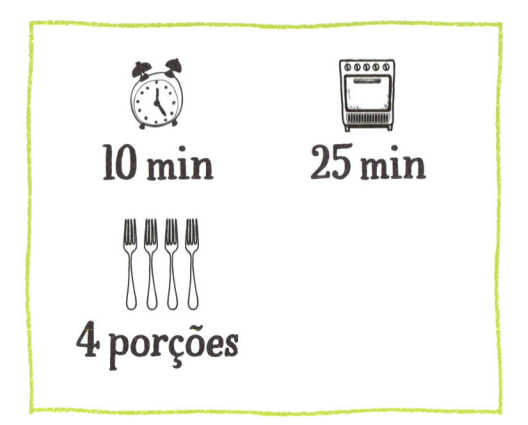

10 min **25 min**

4 porções

1 Unte uma fôrma quadrada e forre-a com a massa. Distribua os talos de aspargo inteiros no fundo.

2 Numa tigela, misture os ovos, o creme de ricota, o queijo emmenthal e o creme de leite. Tempere com sal e pimenta-do-reino. Disponha esse recheio sobre os aspargos e leve ao forno (180 °C) por 25 minutos.

Para fazer a massa podre, misture com a ponta dos dedos 200 g de manteiga, 250 g de farinha de trigo e uma pitada de sal, formando uma farofa grossa. Junte 50 ml de água gelada aos poucos e amasse até obter uma massa macia. Refrigere por 30 minutos antes de usar.

Massa podre
1 receita

Aspargo verde
200 g

Ovo
3

Creme de ricota
150 g

Creme de leite fresco
3 colheres (sopa)

Queijo emmenthal ralado
50 g

TORTINHAS CROCANTES
de cenoura e queijo de cabra

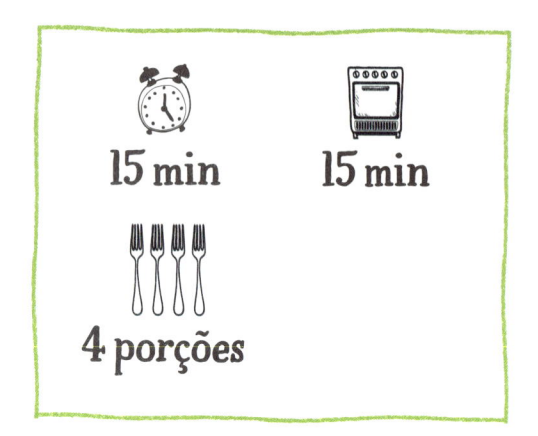

15 min

15 min

4 porções

1 Estenda as folhas de massa e recorte 16 círculos de 10 cm de diâmetro. Pincele-os com azeite e sobreponha-os dois a dois. Disponha-os em fôrmas de tortinha untadas.

2 Rale a cenoura, descasque e pique a cebola e refogue-as em um pouco de azeite. Retire do fogo, junte o creme de leite, misture bem e espalhe esse recheio nas bases de massa. Coloque uma rodela de queijo de cabra e a metade de uma noz sobre cada tortinha e leve ao forno (180 °C) por 10 minutos.

Se não encontrar massa para harumaki, utilize massa filo pincelada com manteiga.

Massa para harumaki
5 folhas

Cenoura
4

Queijo de cabra
80 g

Creme de leite fresco
3 colheres (sopa)

Nozes
8

... e também um pouco de

cebola, 1

azeite de oliva

CALETTE
de homus e legumes

10 min

40 min

4 porções

1 Estenda a massa numa assadeira untada e leve ao forno (180 °C) por 20 minutos, até ficar dourada.

2 Corte a abobrinha em rodelas e os pimentões e a berinjela em cubinhos e coloque-os em uma travessa refratária. Regue-os com azeite, tempere-os com sal e pimenta-do-reino e leve ao forno (180 °C) por 20 minutos.

3 Retire a massa do forno, cubra-a com o homus e com os legumes assados. Sirva bem quente.

Para fazer a massa podre, misture com a ponta dos dedos 200 g de manteiga, 250 g de farinha de trigo e uma pitada de sal, formando uma farofa grossa. Junte 50 ml de água gelada aos poucos e amasse até obter uma massa macia. Refrigere por 30 minutos antes de usar.

Para fazer o homus em casa, siga a receita da página 18, sem usar a abóbora.

Massa podre
1 receita

Homus
4 colheres (sopa)

Abobrinha
1

Pimentão vermelho
2

Berinjela
1

Azeite de oliva
Um fio

QUICHE DE PIMENTÃO
e queijo cremoso de ervas

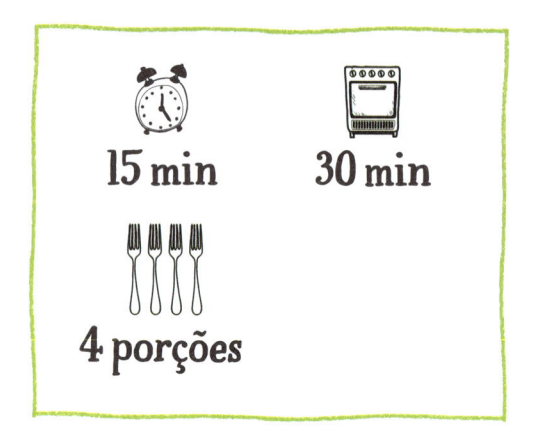

15 min 30 min

4 porções

1 Estenda a massa numa fôrma de torta redonda untada. Corte os pimentões em rodelas finas e disponha sobre a massa.

2 Numa tigela, misture bem o queijo com os ovos e o creme de leite e despeje essa mistura sobre os pimentões. Leve ao forno (180 °C) por 30 minutos.

Massa folhada laminada

1 pacote (300 g)

Pimentão vermelho

2

Queijo cremoso com alho e ervas

50 g

Ovo

2

Creme de leite fresco

100 ml

TORTA DE ALHO-PORÓ,
queijo de cabra e mel

10 min

40 min

4 porções

1 Estenda a massa numa fôrma de torta (redonda com fundo removível) untada. Corte o alho-poró em rodelas finas e refogue-as em um pouco de azeite por 15 minutos. Tempere com sal e pimenta-do-reino e espalhe esse recheio sobre a massa. Corte o queijo em rodelas e disponha-as sobre o alho-poró.

2 Numa tigela, misture os ovos com o leite e o mel. Despeje essa preparação sobre o queijo e leve ao forno (180 °C) por 25 minutos.

Para fazer a massa podre, misture com a ponta dos dedos 200 g de manteiga, 250 g de farinha de trigo e uma pitada de sal, formando uma farofa grossa. Junte 50 ml de água gelada aos poucos e amasse até obter uma massa macia. Refrigere por 30 minutos antes de usar.

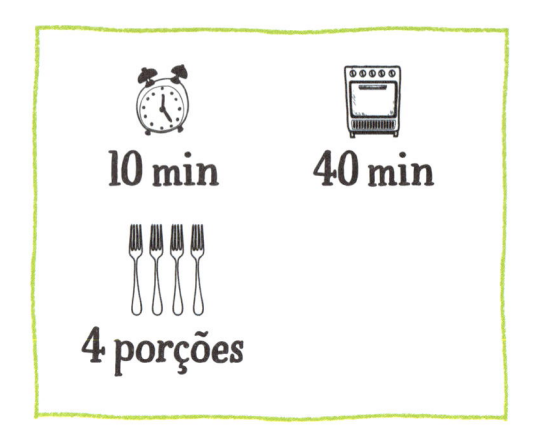

Massa podre
1 receita

Alho-poró
2 talos

Queijo de cabra
100 g

Mel
2 colheres (sopa)

Ovo
2

Leite
100 ml

TORTA DE COCUMELO
e queijo reblochon

10 min   40 min

4 porções

1 Estenda a massa numa fôrma de torta (redonda com fundo removível) e leve-a ao forno (180 °C) por 10 minutos.

2 Numa frigideira, refogue os cogumelos picados com um pouco de azeite juntamente com o alho e a salsinha picada. Tempere com sal e pimenta-do-reino. Misture os cogumelos com os ovos ligeiramente batidos e o creme de leite.

3 Disponha esse recheio sobre a massa, cubra com o queijo reblochon fatiado e leve ao forno (180 °C) por 20 minutos.

De origem francesa, o queijo reblochon é produzido com leite de vaca e maturado por três semanas. Ele derrete e gratina facilmente e tem um sabor especial. Mas, se quiser substituí-lo, escolha o raclette ou até uma mozarela de boa qualidade. (N. da T.)

Massa folhada laminada
1 pacote (300 g)

Cogumelo-de-paris
500 g

Queijo reblochon
½

Alho
1 dente

Ovo
2

... e também um pouco de
azeite de oliva

salsinha

creme de leite fresco, 150 ml

TORTA DE ABOBRINHA,
hortelã e limão

15 min

25 min

4 porções

1 Abra a massa numa fôrma de torta. Rale as abobrinhas e misture-as com os ovos, o leite e o queijo parmesão. Junte a hortelã, o suco e as raspas da casca do limão.

2 Disponha esse recheio sobre a massa e leve ao forno (180 °C) por 25 minutos.

Para fazer a massa podre, misture com a ponta dos dedos 200 g de manteiga, 250 g de farinha de trigo e uma pitada de sal, formando uma farofa grossa. Junte 50 ml de água gelada aos poucos e amasse até obter uma massa macia. Refrigere por 30 minutos antes de usar.

Massa podre
1 receita

Abobrinha
2

Hortelã picada
10 folhas

Limão-siciliano
1

Queijo parmesão ralado
50 g

... e também um pouco de
ovo, 2

leite, 100 ml

COROA FOLHADA
de queijo de cabra e legumes

⏰ **15 min** 🍳 **30 min**

🍴🍴🍴🍴 **4 porções**

1 Corte a abobrinha e o pimentão em rodelas e refogue-as em um pouco de azeite por 10 minutos.

2 Abra a massa numa fôrma de torta (redonda com fundo removível), coloque uma tigela grande no centro e desenhe um círculo em toda a volta com a ponta de uma faca, sem cortá-la. Retire a tigela e faça oito cortes no interior do círculo de modo a formar oito triângulos (como em uma pizza).

3 Espalhe o molho pesto na borda da massa, deixando o centro livre. Disponha os legumes sobre o pesto, depois o queijo de cabra cortado em rodelas e os pignoli. Tempere com sal e pimenta-do-reino. Dobre os triângulos de massa do centro sobre o recheio, para formar a coroa, como na foto, e leve ao forno (180 °C) por 20 minutos.

💡 *Pignoli são as sementes de um pinheiro típico da região do Mediterrâneo. Se não encontrar, substitua por sementes de girassol.*

Massa folhada laminada
1 pacote (300 g)

Queijo de cabra
100 g

Abobrinha
1

Pimentão vermelho
1

... e também um pouco de

azeite de oliva

pignoli

Molho pesto
4 colheres (sopa)

TORTA TATIN
de erva-doce, mel e laranja

10 min

40 min

4 porções

1 Corte a erva-doce em pedaços e refogue-os por 15 minutos em um pouco de azeite, juntamente com as raspas da casca da laranja, até dourar. Adicione o mel e o suco de laranja e deixe apurar por 5 minutos em fogo alto. Tempere com sal e pimenta-do-reino.

2 Espalhe a erva-doce em uma fôrma de torta untada e disponha a massa sobre ela, enfiando as bordas no interior da fôrma. Leve ao forno (180 °C) por 20 minutos. Desenforme a torta num prato grande e sirva-a.

Para fazer a massa podre, misture com a ponta dos dedos 200 g de manteiga, 250 g de farinha de trigo e uma pitada de sal, formando uma farofa grossa. Junte 50 ml de água gelada aos poucos e amasse até obter uma massa macia. Refrigere por 30 minutos antes de usar. Se preferir, nesta receita você pode usar massa folhada pronta.

Massa podre
1 receita

Erva-doce
3 bulbos

Mel
1 colher (sopa)

Laranja
1

Azeite de oliva
Um fio

TORTA
de alcachofra

🕐 **10 min** 🔥 **25 min**

🍴 **4 porções**

1 Estenda a massa numa fôrma de torta e pincele-a com uma camada fina de mostarda. Corte os corações de alcachofra ao meio e o queijo em cubinhos e espalhe-os sobre a massa.

2 Numa tigela, bata os ovos com o creme de leite. Tempere com sal, pimenta-do-reino e cubra a torta com essa mistura. Leve ao forno (180 °C) por 25 minutos.

💡 *O queijo comté, originário da região do Jura, na França, é um dos mais consumidos no mundo. Produzido com leite de vaca, tem coloração amarelada, consistência dura e sabores variados. Se quiser, substitua-o por outro queijo de massa firme como o meia cura. (N. da T.)*

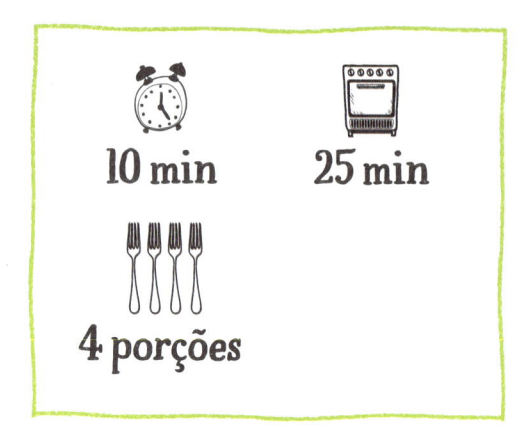

Massa folhada laminada
1 pacote (300 g)

Coração de alcachofra
400 g

Mostarda em grãos
1 colher (sopa)

Queijo comté
100 g

Ovo
2

Creme de leite fresco
100 ml

TORTA TATIN
de batata-doce e cenoura

🕐 15 min   🔲 55 min

🍴 4 porções

1 Corte os legumes em rodelas. Disponha-os numa assadeira, regue com azeite e salpique com tomilho. Tempere com sal e pimenta-do-reino e leve ao forno (180 °C) por 30 minutos.

2 Polvilhe o fundo de uma fôrma de torta com açúcar e espalhe os legumes assados sobre ela, alternando-os. Disponha a massa, enfiando as bordas no interior da fôrma. Leve ao forno (180 °C) por 25 minutos. Desenforme a torta num prato grande e sirva.

💡 *Para fazer a massa podre, misture com a ponta dos dedos 200 g de manteiga, 250 g de farinha de trigo e uma pitada de sal, formando uma farofa grossa. Junte 50 ml de água gelada aos poucos e amasse até obter uma massa macia. Refrigere por 30 minutos antes de usar. Se preferir, nesta receita você pode usar massa folhada pronta.*

💡 *Há vários tipos de batata-doce. As variedades Covington e Beauregard têm a polpa laranja e a casca avermelhada. Seu sabor é mais suave que o das de polpa branca ou roxa. Aqui, você pode usar qualquer uma. (N. da T.)*

Massa podre
1 receita

Batata-doce
½

Cenoura
2

Cebola roxa
1

Açúcar
1 colher (sopa)

... e também um pouco de
azeite de oliva

tomilho

TORTA TATIN
de pimentão e tomate

10 min   **45 min**

4 porções

1 Corte os pimentões em rodelas e refogue numa frigideira com azeite por 15 minutos. Tempere com sal e pimenta-do-reino.

2 Polvilhe o fundo de uma fôrma de torta com açúcar, disponha os tomates cortados em rodelas e por cima o pimentão.

3 Pincele a massa com mostarda e coloque-a sobre os legumes, enfiando as bordas no interior da fôrma. Leve ao forno (180 °C) por 30 minutos. Desenforme a torta num prato grande e sirva.

Para fazer a massa podre, misture com a ponta dos dedos 200 g de manteiga, 250 g de farinha de trigo e uma pitada de sal, formando uma farofa grossa. Junte 50 ml de água gelada aos poucos e amasse até obter uma massa macia. Refrigere por 30 minutos antes de usar. Se preferir, nesta receita você pode usar massa folhada pronta.

Massa podre
1 receita

Pimentão verde
2

Tomate
3

Açúcar
1 colher (sopa)

Mostarda em grãos
3 colheres (sopa)

Azeite de oliva
Um fio

PIZZINHAS
de berinjela e mozarela

15 min

30 min

4 porções

Sem glúten

1 Corte as berinjelas em rodelas de 1 cm de espessura e disponha-as numa assadeira. Cubra-as com azeite e leve ao forno (180 °C) por 20 minutos.

2 Enquanto isso, descasque e pique as cebolas e refogue com um pouco de azeite. Junte os tomates picados, tempere com sal e pimenta-do-reino e cozinhe por 10 minutos.

3 Espalhe um pouco desse molho sobre as berinjelas. Coloque uma fatia de mozarela sobre cada rodela de berinjela e por cima algumas azeitonas. Leve ao forno (180 °C) por 10 minutos.

4 Antes de servir, enfeite cada pizzinha com uma folha de manjericão.

Berinjela
2

Tomate
4

Queijo mozarela de búfala
1 bola grande

Cebola
2

Azeitona verde sem caroço
12

... e também um pouco de

azeite de oliva

manjericão

PIZZA DE TOMATE CEREJA,
mozarela e rúcula

🕙 10 min   ⬜ 20 min

🍴 4 porções

1 Estenda a massa numa assadeira e cubra-a com o molho de tomate. Coloque por cima os tomates cortados ao meio e a mozarela em fatias.

2 Salpique com queijo parmesão e alguns pignoli. Leve ao forno (200 °C) por 20 minutos. Antes de servir, enfeite a pizza com folhas de rúcula e regue com azeite.

💡 *Pignoli são as sementes de um pinheiro típico da região do Mediterrâneo. Se não encontrar, substitua por sementes de girassol.*

Massa de pizza
1 disco

Tomate cereja
100 g

Mozarela de búfala
1 bola grande

Rúcula
Um punhado

Molho de tomate
100 ml

... e também um pouco de
queijo parmesão ralado

pignoli

azeite de oliva

PIZZA
de legumes

15 min

40 min

4 porções

1 Corte a berinjela em rodelas de 1 cm de espessura e disponha-as numa assadeira. Regue com um pouco de azeite e leve ao forno (180 °C) por 20 minutos.

2 Estenda a massa em outra assadeira. Corte o tomate e o pimentão em rodelas. Recheie a massa com os tomates, a berinjela grelhada e o pimentão. Polvilhe com o queijo parmesão.

3 Adicione algumas azeitonas e regue com um fio de azeite. Leve ao forno (200 °C) por 20 minutos.

Massa de pizza
1 disco

Berinjela
1

Tomate
4

Pimentão vermelho
1

Queijo parmesão ralado
30 g

... e também um pouco de
azeite de oliva

azeitona preta

FLAMMKUCHEN
de queijo de cabra e mel

15 min

30 min

4 porções

1 Numa frigideira com um pouco de azeite, refogue as cebolas cortadas em rodelas. Junte o tofu cortado em tirinhas ou ralado.

2 Estenda a massa numa assadeira. Espalhe sobre ela o queijo cremoso, depois as cebolas e o tofu. Corte o queijo de cabra em rodelas e cubra a pizza com ele. Regue tudo com mel e leve ao forno (200 °C) por 20 minutos.

A flammkuchen é uma espécie de pizza originária da região da Alsácia, na fronteira da França com a Alemanha. A versão original leva queijo cremoso, cebola roxa caramelizada e bacon, que pode ser substituído pelo tofu defumado utilizado aqui ou qualquer outro queijo defumado, como provolone ou ricota.

Massa de pizza
1 disco

Queijo de cabra
100 g

Mel
1 colher (sopa)

Cebola
2

Tofu defumado
100 g

... e também um pouco de

creme de ricota ou de queijo

minas frescal,

4 colheres (sopa)

azeite de oliva

PISSALADIÈRE
com tomate, cebola e azeitona

15 min

40 min

4 porções

1 Em uma frigideira com um pouco de azeite, refogue as cebolas cortadas em rodelas com o alho descascado e amassado e algumas folhas de tomilho.

2 Estenda a massa numa assadeira. Disponha a cebola sobre a massa e junte metade dos tomates (alguns inteiros, outros cortados ao meio). Leve ao forno (180 °C) por 30 minutos. Na metade do cozimento, acrescente as azeitonas sem caroço cortadas em rodelas.

3 Ao retirar a pizza do forno, adicione o restante dos tomates, salpique com tomilho e sirva.

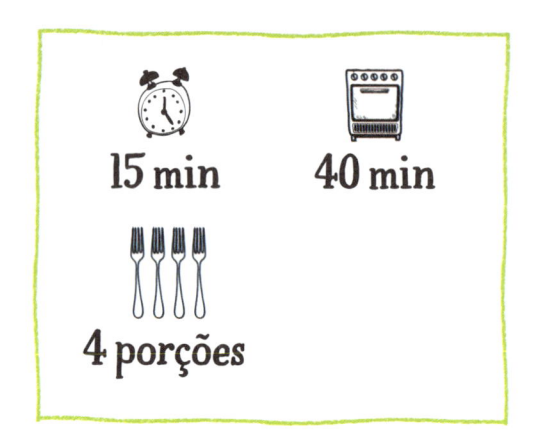

Massa folhada laminada
1 pacote (300 g)

Cebola roxa
2

Tomate cereja
200 g

Azeitona preta
40 g

... e também um pouco de
azeite de oliva

tomilho

Alho
2 dentes

BOLO SALGADO
de queijo e tomate seco

15 min

40 min

4 porções

1 Corte os tomates e o queijo em pedaços pequenos e reserve. Em uma tigela, misture a farinha com o fermento. Adicione os ovos ligeiramente batidos, o leite e o azeite. Bata até a preparação ficar homogênea. Tempere com sal, pimenta-do-reino e junte o queijo de cabra e os tomates.

2 Unte e enfarinhe uma fôrma de bolo inglês, preencha com a massa e leve ao forno (180 °C) por 40 minutos.

 Sirva com salada de tomate e mozarela.

Queijo de cabra
200 g

Tomate seco
15

Farinha de trigo
1 ½ xícara (200 g)

Ovo
3

Leite
½ xícara

... e também um pouco de
fermento químico em pó,

1 sachê (11 g) ou 1 colher (chá)

azeite de oliva, 2 colheres (sopa)

BOLO SALCADO
de espinafre e queijo feta

15 min

45 min

4 porções

Espinafre
300 g

Queijo feta
200 g

1 Numa tigela, bata a farinha, o fermento e os ovos. Junte o leite e depois o azeite. Tempere com sal e pimenta-do-reino e continue a bater até obter uma mistura homogênea. Reserve.

2 Pique grosseiramente as folhas de espinafre e refogue-as em uma frigideira com um pouco de manteiga. Adicione o espinafre e o queijo feta cortado em cubos à massa reservada.

3 Unte e enfarinhe uma fôrma de bolo inglês, preencha com a massa e leve ao forno (200 °C) por 35 minutos.

Farinha de trigo
1 ½ xícara (200 g)

Ovo
2

Sirva o bolo com salada verde.

Leite
½ xícara

... e também um pouco de

fermento químico em pó,
1 sachê (11 g) ou 1 colher (chá)
azeite de oliva, 5 colheres (sopa)
manteiga

BOLO DE ABÓBORA
com fubá

15 min

45 min

4 porções

Sem glúten

1 Descasque e corte a abóbora em pedaços. Leve-os ao fogo numa panela com água e cozinhe por 15 minutos, até ficarem macios. Escorra e amasse grosseiramente, formando um purê.

2 Junte o fubá, os ovos, o queijo ralado, a noz-moscada e misture bem. Tempere com sal e pimenta-do-reino.

3 Coloque a preparação numa fôrma untada com azeite e leve ao forno (200 °C) por 30 minutos. Deixe esfriar um pouco antes de desenformar.

A receita original recomenda queijo comté ou cheddar, mas, se não encontrar, você pode utilizar emmenthal ou gruyère. Sirva com salada verde com nozes picadas.

Abóbora-moranga
600 g

Fubá
150 g

Ovo
2

Queijo ralado
80 g

Noz-moscada ralada
1 colher (chá)

ALHO-PORÓ CREMOSO
com leite de coco

10 min

20 min

4 porções

Sem glúten

Vegana

Sem lactose

Alho-poró
3 talos

Leite de coco
1 garrafinha (200 ml)

1 Numa frigideira com um pouco de azeite, refogue o alho-poró fatiado, o alho descascado e amassado e o curry. Tempere com sal e pimenta-do-reino. Tampe e cozinhe em fogo baixo por 10 minutos.

2 Junte o leite de coco e cozinhe por mais 10 minutos.

Sirva com arroz basmati.

Alho
1 dente

Curry
1 colher (chá)

Azeite de oliva
Um fio

REFOGADO DE TEMPEH
com batata-doce

10 min

20 min

4 porções

Sem glúten

Vegana

Sem lactose

Tempeh
125 g

Batata-doce
1

1 Em uma frigideira, refogue a cebola picada e em seguida junte a batata-doce descascada e cortada em cubinhos, o tempeh fatiado e um pouco de gengibre ralado. Cozinhe por 15 minutos, até a batata-doce ficar macia.

Cebola
1

Leite de coco
½ garrafinha (100 ml)

2 Numa tigela, dilua a pasta de amendoim no leite de coco e junte a mostarda. Misture. Quando for servir, cubra o refogado com o molho e salpique com coentro picado. Sirva bem quente.

Há vários tipos de batata-doce. As variedades Covington e Beauregard têm a polpa laranja e a casca avermelhada. Seu sabor é mais suave que o das de polpa branca ou roxa. Aqui, você pode usar qualquer uma. (N. da T.)

Pasta de amendoim sem açúcar
1 colher (sopa)

... e também um pouco de

gengibre fresco

mostarda, 1 colher (sopa)

coentro

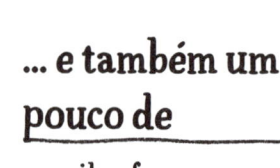

COUVE-DE-BRUXELAS
com cogumelos

10 min

30 min

4 porções

Sem glúten

Couve-de-bruxelas
400 g

Cogumelo-de-paris
300 g

1 Remova a primeira folha das couves-de-bruxelas. Mergulhe-as por 5 minutos numa panela com água fervente e escorra-as.

2 Numa frigideira grande, derreta a manteiga e refogue a cebola cortada em rodelas e as couves. Tempere com sal e pimenta-do-reino. Abaixe o fogo, tampe e cozinhe por 15 minutos. Junte os cogumelos cortados em quatro e as castanhas (corte as maiores ao meio ou em quatro).

3 Acerte o tempero, se necessário, e cozinhe em fogo alto por mais 10 minutos, mexendo de vez em quando.

Castanha portuguesa cozida
100 g

Cebola
1

Manteiga
10 g

GUISADO DE TRIGO
com abobrinha e amêndoa

⏰ **10 min**   🍲 **20 min**

🍴 **4 porções**

Sem glúten

Vegana

Sem lactose

1 Em uma frigideira grande, refogue a cebola e a abobrinha picadas com um pouco de azeite e acrescente o trigo-sarraceno. Cubra com água equivalente ao dobro do volume do cereal, tampe e cozinhe por 10 minutos. Tempere com sal e pimenta-do-reino.

2 Toste as amêndoas laminadas, pique a hortelã e espalhe-as sobre o guisado quando estiver pronto.

Trigo-sarraceno
200 g

Abobrinha
2

Amêndoa laminada
40 g

Cebola
1

Hortelã
Algumas folhas

Azeite de oliva
Um fio

CURRY DE BRÓCOLIS,
batata e leite de coco

10 min

30 min

4 porções

Sem glúten

Vegana

Sem lactose

1 Separe os brócolis em buquês. Descasque as batatas e corte-as em pedaços grandes. Cozinhe os legumes no vapor por 20 minutos.

2 Numa frigideira grande com um pouco de azeite, refogue a cebola cortada em rode-las com o curry. Junte os legumes, grelhe-os um pouco e adicione o leite de coco. Tempere o curry com sal e pimenta-do-reino e cozinhe por 10 minutos. Sirva bem quente.

Brócolis
1 pé

Batata
400 g

Leite de coco
1 garrafinha (200 ml)

Cebola
1

Curry
2 colheres (chá)

Azeite de oliva
Um fio

REFOCADO
de espelta com abóbora

15 min

50 min

4 porções

Sem lactose

Vegana

1 Cozinhe a espelta conforme as indicações da embalagem.

2 Enquanto isso, corte a abóbora em cubos e coloque-os numa assadeira. Regue com azeite, adicione sal, pimenta-do-reino e leve ao forno (200 °C) por 35 minutos, até a abóbora ficar macia.

3 Numa frigideira grande, refogue a cebola fatiada, junte a abóbora, a espelta e as nozes. Doure por alguns minutos e sirva bem quente.

Se não encontrar espelta, substitua por arroz agulhinha integral.

Espelta
200 g

Abóbora
¹/₂

Cebola pequena
1

Nozes
20 g

Azeite de oliva
Um fio

CEVADINHA
com queijo mimolette

15 min

45 min

4 porções

1 Pique a cebola e corte a cenoura em cubinhos. Refogue a cebola em uma panela grande com um pouco de azeite, adicione a cenoura e deixe amaciar por 10 minutos. Tempere com sal e pimenta-do-reino.

2 Junte a cevadinha e o caldo de legumes ao refogado. Cozinhe com a panela tampada em fogo baixo por 35 minutos ou até o líquido ser todo absorvido.

3 Adicione o queijo mimolette ralado e o manjericão picado, misture e sirva bem quente.

O queijo mimolette é produzido com leite de vaca cru e prensado. Sua pasta é dura e alaranjada. Se quiser substituí-lo, use o emmenthal ou o edam. (N. da T.)

Cevadinha
400 g

Queijo mimolette
50 g

Cenoura
2

Cebola
1

Manjericão
1 ramo pequeno

... e também um pouco de

azeite de oliva

caldo de legumes, 1 litro

CEVADINHA
com legumes

15 min

30 min

4 porções

30 min

Vegana

Sem lactose

1 Numa panela, refogue a cebola picada em um pouco de azeite e adicione a cevadinha. Cozinhe por 1 minuto e acrescente o caldo de legumes. Tampe e cozinhe por mais 30 minutos, até o caldo ser absorvido e a cevadinha estar macia.

2 Enquanto isso, corte as cenouras e a abóbora em cubos. Disponha-os numa assadeira, regue com azeite, acrescente sal e pimenta-do-reino e um galhinho de tomilho. Leve ao forno (180 °C) por 30 minutos, mexendo de vez em quando.

3 Numa tigela, misture os legumes com a cevadinha e sirva bem quente.

Cevadinha
150 g

Cenoura
2

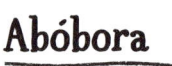

Abóbora
$1/2$

Cebola
1

... e também um pouco de
azeite de oliva

tomilho

Caldo de legumes
500 ml

ARROZ COM LENTILHA
e cebola roxa

10 min   **40 min**

4 porções   Sem glúten

1 Coloque as lentilhas em uma panela com bastante água e cozinhe por 15 minutos. Junte o arroz e cozinhe por mais 15 minutos. Escorra e tempere com sal e pimenta-do-reino. Numa tigelinha, misture o iogurte com o curry e cubra o arroz com esse molho.

2 Numa frigideira com um pouco de azeite, refogue as cebolas cortadas em rodelas. Sirva o arroz com lentilhas acompanhado das cebolas.

Arroz
200 g

Lentilha
150 g

Cebola roxa
2

Iogurte natural
4 colheres (sopa)

Curry
2 colheres (chá)

Azeite de oliva
Um fio

ARROZ THAI
com tofu e amendoim

15 min

25 min

4 porções

Sem glúten

Vegana

Sem lactose

1 Cozinhe o arroz conforme as indicações da embalagem. Enquanto isso, corte o tofu em cubinhos. Numa tigela, misture a pasta de amendoim com o molho de soja e junte 3 colheres (sopa) de água para incorporá-los.

2 Numa frigideira grande, doure o tofu em um pouco de azeite. Acrescente o arroz escorrido, refogue ligeiramente e adicione o molho de amendoim. Cozinhe por mais 5 minutos. Salpique com coentro e sirva quente.

Arroz basmati
200 g

Tofu
200 g

Pasta de amendoim sem açúcar
3 colheres (sopa)

Molho de soja
3 colheres (sopa)

Coentro picado
2 colheres (chá)

Azeite de oliva
Um fio

REFOCADO DE TEMPEH
e cenoura com laranja

10 min

20 min

4 porções

Descanso

30 min

Vegana

Sem glúten

1 Corte o tempeh em pedacinhos, coloque-os num recipiente, regue-os com o suco de laranja, acrescente um pouco de gengibre ralado e misture bem. Tampe e deixe marinar por 30 minutos.

2 Rale as cenouras, pique as cebolas e fatie os cogumelos. Em uma frigideira grande com azeite, refogue as cebolas, os cogumelos e o tempeh marinado. Deixe dourar por alguns minutos e acrescente as cenouras. Tempere com sal e pimenta-do-reino e cozinhe por mais 10 minutos. Sirva bem quente.

Tempeh
150 g

Cenoura
2

Laranja
1

Cogumelo-de-paris
200 g

Cebola
2

... e também um pouco de

gengibre fresco

azeite de oliva

ENDÍVIA BRASEADA
com laranja e mel

15 min

25 min

4 porções

Sem glúten

1 Corte as endívias ao meio pelo comprimento e reserve. Derreta a manteiga numa frigideira grande. Junte o suco das laranjas, o mel e cozinhe por 5 minutos até a mistura caramelizar levemente.

2 Coloque as endívias na frigideira sobre o molho, com o lado cortado virado para baixo. Tampe e cozinhe em fogo baixo por 20 minutos. Tempere com sal e pimenta-do-reino e sirva.

Endívia
4

Laranja
2

Mel
1 colher (sopa)

Manteiga
20 g

SOBÁ COM CENOURA
e shoyu

15 min — 30 min

4 porções

Sem glúten

Vegana

Sem lactose

Sobá
250 g

Cenoura
2

Alho
1 dente

Gengibre fresco
2 cm

Molho de soja
2 colheres (sopa)

1 Cozinhe o sobá conforme as indicações da embalagem.

2 Numa wok com um pouco de azeite, refogue o alho descascado e amassado e o gengibre ralado. Junte as cenouras raladas, sal e pimenta-do-reino. Cozinhe por 10 minutos e adicione o macarrão escorrido e o molho de soja.

3 Regue o prato com um fio de óleo de gergelim, salpique com as sementes de gergelim e sirva bem quente.

💡 *O sobá é um tipo de macarrão de origem japonesa feito com trigo-sarraceno, encontrado em lojas de produtos orientais.*

... e também um pouco de

óleo de gergelim

sementes de gergelim

LECUMES REFOGADOS
com laranja kinkan

10 min

45 min

4 porções

Sem glúten

Vegana

Sem lactose

1 Cozinhe as vagens por 25 minutos, escorra-as e reserve.

2 Corte o pimentão em rodelas, as cenouras em palitos e os cogumelos em fatias. Em seguida, refogue-os com um pouco de óleo de gergelim numa wok. Junte um pouco de gengibre ralado.

3 Adicione à wok as laranjas cortadas em quatro e a vagem. Regue com o molho de soja e salpique com gergelim. Cozinhe por mais 10 minutos e sirva bem quente.

Laranja kinkan
6

Vagem
200 g

Pimentão vermelho
1

Cenoura
2

Cogumelo-de-paris
100 g

... e também um pouco de

óleo de gergelim

gengibre fresco

molho de soja, 1 colher (sopa)

sementes de gergelim

REFOGADO
de brócolis e soja

10 min

15 min

4 porções

Descanso

30 min

Vegana

Sem glúten

1 Numa tigelinha, misture 3 colheres (sopa) de molho de soja com o caldo de legumes. Despeje essa mistura sobre a proteína de soja e deixe em repouso por 30 minutos.

2 Corte os brócolis em buquês e coloque-os numa wok com 1 cm de água. Tampe e cozinhe por 5 minutos.

3 Depois que a água evaporar, junte um pouco de óleo de gergelim, a proteína de soja escorrida, o gengibre ralado e o restante do molho de soja. Tempere com sal e pimenta-do-reino.

4 Misture bem e cozinhe por aproximadamente 10 minutos em fogo alto. Salpique com sementes de gergelim e sirva bem quente.

Brócolis
1 pé

Proteína texturizada de soja
100 g

Molho de soja
4 colheres (sopa)

Caldo de legumes
Uma xícara (250 ml)

Gengibre
2 cm

... e também um pouco de
óleo de gergelim

sementes de gergelim

RISOTO
de espelta

1 Cozinhe a espelta numa panela com bastante água fervente salgada por 15 minutos. Em seguida escorra-a e reserve.

2 Numa frigideira grande com um pouco de azeite, refogue a cebola picada e a abobrinha cortada em cubos. Junte a espelta e o vinho.

3 Assim que o vinho evaporar, adicione uma concha de caldo quente e espere evaporar. Repita o procedimento com o caldo até a espelta ficar bem macia. Polvilhe com queijo parmesão ralado ou cortado em lascas. Sirva bem quente.

Espelta
250 g

Abobrinha
2

Cebola
2

Vinho branco seco
1/2 xícara (120 ml)

Caldo de legumes
1 litro

... e também um pouco de

azeite de oliva

queijo parmesão

RISOTO DE COGUMELOS

e sementes de abóbora

1 Refogue a cebola picada numa panela grande com um pouco de azeite. Tempere com sal e pimenta-do-reino. Junte o arroz, mexa até ele ficar transparente e acrescente o vinho.

2 Assim que o vinho evaporar, adicione uma concha de caldo e espere evaporar também. Repita o procedimento com o caldo até o arroz ficar completamente cozido.

3 Enquanto isso, refogue os cogumelos fatiados numa frigideira com um pouco de azeite. Acrescente-os ao risoto.

4 Na hora de servir, salpique com as sementes de abóbora tostadas em uma frigideira sem gordura e polvilhe com parmesão ralado. Sirva bem quente.

Arroz para risoto
1 xícara

Cogumelo-de-paris
200 g

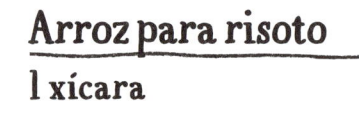

Semente de abóbora
2 colheres (sopa)

Cebola
1

... e também um pouco de

azeite de oliva

vinho branco seco, ¼ xícara

queijo parmesão ralado

Caldo de legumes
1 litro

RISOTO
de alho-poró e curry

10 min

40 min

4 porções

Sem glúten

1 Numa frigideira grande com um pouco de azeite, refogue o alho-poró cortado em rodelas finas e o curry. Junte o arroz, frite-o até ele ficar transparente e adicione o vinho. Tempere com sal e pimenta-do-reino.

2 Quando o vinho evaporar, acrescente uma concha de caldo e deixe evaporar também. Repita o procedimento com o caldo até o arroz ficar completamente cozido. Salpique o risoto com queijo parmesão ralado ou em lascas e sirva bem quente.

Arroz para risoto

1 xícara

Alho-poró

2 talos

Curry

2 colheres (chá)

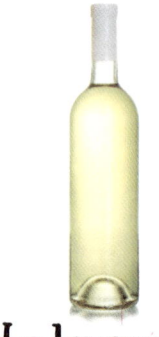

Vinho branco seco

$^1/_2$ xícara

Caldo de legumes

1 litro

... e também um pouco de

azeite de oliva

queijo parmesão

RISOTO
de abóbora com avelã

15 min

25 min

4 porções

Sem glúten

1 Numa panela grande com um pouco de azeite, refogue a cebola picada e a abóbora cortada em cubinhos, junte o arroz e cozinhe por 3 minutos. Acrescente o vinho, tempere com sal e pimenta-do-reino.

2 Quando o vinho evaporar, adicione uma concha de caldo de legumes quente e espere o arroz absorver todo o líquido. Repita a operação com o caldo até o arroz ficar totalmente macio.

3 Enquanto isso, toste as avelãs em uma frigideira sem óleo. Disponha lascas de queijo sobre o risoto, adicione mais sal e pimenta-do-reino, se necessário, e salpique com as avelãs.

Arroz para risoto
1 ¹/₃ xícara

Abóbora
400 g

Avelã
40 g

Cebola
1

Caldo de legumes
1 litro

... e também um pouco de
azeite de oliva

vinho branco seco, 100 ml

queijo parmesão

GRATINADO
de pimentão e abobrinha

10 min

40 min

4 porções

Sem glúten

1 Numa frigideira grande, refogue por 10 minutos os pimentões fatiados e as abobrinhas cortadas em rodelas com um pouco de azeite. Tempere com sal e pimenta-do-reino e salpique com ervas de Provence. Disponha a mistura numa travessa refratária e reserve.

2 Bata os ovos com o leite e despeje sobre os legumes. Esfarele o queijo feta por cima e leve ao forno (180 °C) por 30 minutos.

Pimentão
2 (vermelho e verde)

Abobrinha
1

Queijo feta
100 g

Ovo
2

Leite
200 ml

... e também um pouco de
azeite de oliva

ervas de Provence

CROZETS GRATINADOS

com moranga

1 Descasque a moranga e corte-a em cubinhos. Refogue-os na manteiga por 15 minutos, até ficarem macios. Tempere com sal e pimenta-do-reino e esmague com um garfo. Incorpore o creme de leite.

2 Cozinhe os crozets numa panela com água e escorra-os.

3 Misture os crozets com a moranga e disponha tudo numa travessa refratária. Polvilhe com o queijo e leve ao forno (180 °C) por 20 minutos.

O crozet é uma massinha quadrada feita de trigo-sarraceno, típica da Saboia, região da França. Se não conseguir encontrá-lo, substitua-o por risoni ou orzo. (N. da T.)

Abóbora-moranga
500 g

Crozet
150 g

Creme de leite fresco
3 colheres (sopa)

Queijo gruyère ralado
50 g

Manteiga
1 colher (sopa)

GRATINADO DE BRÓCOLIS,
leite de coco e gengibre

15 min

40 min

4 porções

Sem glúten

1 Separe os brócolis em buquês e cozinhe-os no vapor por 10 minutos. Transfira para uma tigela e misture com o leite de coco e os ovos ligeiramente batidos. Adicione o gengibre ralado e tempere com sal e pimenta-do-reino.

2 Coloque a mistura numa travessa refratária. Polvilhe com o emmenthal e leve ao forno (180 °C) por 30 minutos.

Brócolis

1 pé

Leite de coco

1 garrafinha (200 ml)

Gengibre

3 cm

Ovos

3

Queijo emmenthal ralado

50 g

ABÓBORA GRATINADA
com mostarda

15 min

35 min

4 porções

Sem glúten

1 Numa frigideira grande, refogue a abóbora cortada em cubinhos com um pouco de azeite por 15 minutos. Tempere com sal e pimenta-do-reino, disponha-a numa travessa refratária e reserve.

2 Misture os ovos ligeiramente batidos, o creme de leite e a mostarda. Tempere com sal e pimenta-do-reino e despeje a mistura sobre a abóbora na travessa. Salpique com queijo ralado e leve ao forno (180 °C) por 20 minutos.

Abóbora

1

Mostarda

2 colheres (sopa)

Ovo

2

Creme de leite fresco

$^1/_2$ xícara

Queijo gruyère ralado

50 g

Azeite de oliva

Um fio

GRATINADO DE BATATA
com queijo cheddar

15 min

45 min

4 porções

Sem glúten

1 Descasque e corte as batatas em rodelas e cozinhe-as em água fervente com sal por 15 minutos. Unte uma travessa refratária e esfregue-a com o alho descascado. Disponha as batatas no fundo.

2 Numa tigela, misture o queijo branco com o creme de leite e metade do cheddar ralado. Tempere com sal e pimenta-do-reino e cubra as batatas com essa mistura. Polvilhe com o restante do queijo cheddar ralado e leve ao forno (200 °C) por 30 minutos.

Se não encontrar o creme de queijo minas frescal, use creme de ricota.

Batata
1 kg

Queijo cheddar
100 g

Creme de queijo minas frescal
200 g

Creme de leite fresco
200 ml

Alho
1 dente

GRATINADO DE VERDURAS
com trigo

15 min

50 min

4 porções

1 Corte a verdura (folhas e talos) em pedaços de 5 cm e cozinhe no vapor por 10 minutos.

2 Cozinhe o trigo numa panela com água fervente em quantidade duas vezes maior que seu volume por 15 minutos. Tempere com sal e pimenta-do-reino e reserve.

3 Refogue as cebolas cortadas em rodelas em um pouco de azeite e reserve. Numa panela, aqueça 3 colheres (sopa) de azeite com a farinha de trigo. Misture bem e adicione o leite aos poucos, mexendo constantemente, até o molho engrossar. Tempere com sal e pimenta-do-reino.

4 Unte uma travessa refratária e monte o prato: coloque o trigo, a verdura, a cebola e, por fim, o molho. Polvilhe com farinha de rosca e leve ao forno (180 °C) por 30 minutos.

Escolha verduras de folhas mais grossas, como acelga, repolho e couve, ou até mesmo folhas da beterraba.

Verduras
3 folhas grandes

Trigo para quibe
200 g

Cebola
2

Farinha de trigo
4 colheres (sopa)

Leite
1 ¹/₄ xícara (300 ml)

... e também um pouco de

azeite de oliva

farinha de rosca

CRUMBLE DE ABÓBORA
com sementes

15 min   30 min

4 porções

1 Corte a abóbora em pedaços e cozinhe no vapor por 10 minutos. Tempere com sal e passe a abóbora pronta para uma travessa refratária untada.

2 Coloque a farinha, a aveia e o queijo parmesão em uma tigela. Junte a manteiga cortada em pedacinhos e as sementes de abóbora e misture tudo com a ponta dos dedos.

3 Disponha essa farofa rústica sobre a abóbora no refratário e leve ao forno (180 °C) por 20 minutos.

Abóbora
1

Sementes de abóbora
2 colheres (sopa)

Farinha de trigo
³/₄ de xícara (100 g)

Aveia em flocos
50 g

Queijo parmesão ralado
100 g

Manteiga
150 g

CRUMBLE
de couve-flor e parmesão

10 min

30 min

4 porções

1 Separe a couve-flor em buquês e cozinhe no vapor por 10 minutos. Ela deve ficar firme. Disponha-a numa travessa refratária untada e cubra-a com o queijo de cabra cortado em rodelas.

2 Numa tigela, coloque a manteiga em pedacinhos, a farinha e o queijo parmesão. Misture tudo com a ponta dos dedos, tempere com sal e pimenta-do-reino e espalhe essa farofa rústica sobre a couve-flor. Leve ao forno (180 °C) por 20 minutos.

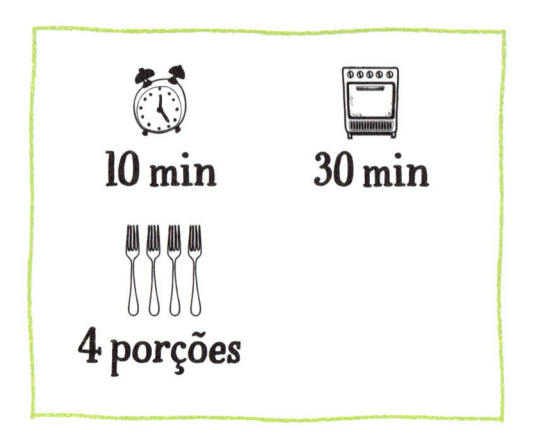

Couve-flor
1

Queijo parmesão ralado
50 g

Queijo de cabra
100 g

Manteiga
100 g

Farinha de trigo
³/₄ de xícara (100 g)

CRUMBLE
de abobrinha e berinjela

15 min **40 min**

4 porções

1 Corte os legumes em cubos e refogue-os numa frigideira com um pouco de azeite. Tempere com sal e pimenta-do-reino. Disponha-os numa travessa refratária untada.

2 Numa tigela, misture a farinha, a manteiga e o queijo com a ponta dos dedos até obter uma farofa rústica. Cubra os legumes com ela e leve ao forno (180 °C) por 25 minutos.

Abobrinha
2

Berinjela
1

Farinha de trigo
³/₄ de xícara (100 g)

Manteiga
100 g

Queijo parmesão ralado
50 g

Azeite de oliva
Um fio

ABOBRINHA RECHEADA
com roquefort e nozes

10 min

40 min

4 porções

Sem glúten

1 Mergulhe as abobrinhas inteiras numa panela com água fervente salgada por 10 minutos.

2 Corte-as ao meio no sentido do comprimento e retire a polpa com uma colher. Misture essa polpa com o roquefort e o ovo. Junte as nozes picadas grosseiramente.

3 Recheie as abobrinhas com essa mistura, coloque-as em uma travessa refratária e leve ao forno (180 °C) por 30 minutos.

Abobrinha
2

Queijo roquefort
60 g

Nozes
40 g

Ovo
1

BRIOCHE
recheado com tofu defumado

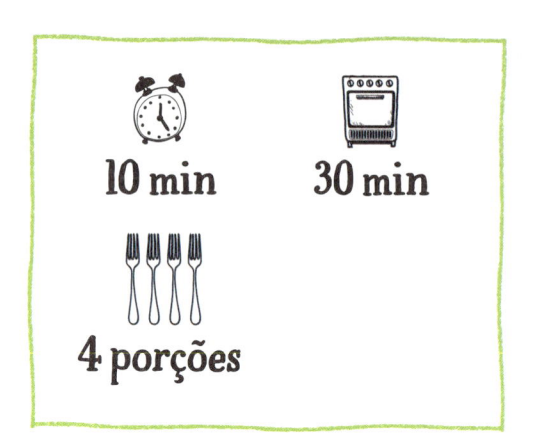

⏰ 10 min   🔥 30 min

🍴 4 porções

1 Corte a ponta dos brioches, como se tirasse uma tampa, e retire o miolo sem danificar a parte externa. Reserve. Corte o tofu em tirinhas e refogue-as numa frigideira com azeite por 10 minutos.

2 Recheie os brioches com o tofu refogado e o queijo ralado e depois quebre um ovo sobre cada pão. Coloque os brioches recheados em uma assadeira e leve ao forno (180 °C). Depois de 15 minutos retire do forno, recoloque a tampa de cada brioche e asse por mais 5 minutos. Salpique com salsinha e sirva quente.

💡 *Utilize queijo parmesão, cheddar ou emmenthal nesta receita.*

Brioche
4 pequenos

Tofu defumado
100 g

Queijo ralado
200 g

Ovo
4

Salsinha picada
Alguns ramos

Azeite de oliva
Um fio

TOMATE RECHEADO
com cuscuz e queijo feta

🕐 15 min   🔲 50 min

🍴 4 porções

1 Corte o topo dos tomates, formando uma tampa, e reserve. Descarte as sementes e a polpa. Vire-os para baixo sobre uma grelha para escorrer o líquido. Hidrate o cuscuz conforme indicado na embalagem e depois solte os grãos com um garfo.

2 Numa frigideira, refogue a cebola picada com o alho descascado e amassado e os cogumelos cortados em fatias. Misture-os ao cuscuz e adicione o queijo feta em cubos.

3 Recheie os tomates com essa mistura, tampe com os topos reservados, e leve ao forno (180 °C) por 30 minutos.

Tomate
8

Cuscuz marroquino
175 g

Cogumelo-de-paris
200 g

Queijo feta
100 g

Cebola
1

Alho
1 dente

BATATA GRATINADA
com creme de queijo

1 Cozinhe as batatas inteiras em água fervente por 15 minutos. Escorra-as, corte-as ao meio pelo comprimento e retire um pouco da polpa com uma colher.

2 Misture a polpa das batatas com o creme de leite, o queijo e a cebolinha. Tempere com bastante sal e pimenta-do-reino. Coloque esse recheio nas batatas. Leve ao forno (180 °C) por 20 minutos e sirva quente.

Batata

8

Creme de leite sem soro

1/2 xícara

Queijo parmesão ralado

40 g

Cebolinha francesa picada

10 talos

BATATA-DOCE RECHEADA
com couve-flor

15 min

1 h

4 porções

Sem glúten

1 Corte as batatas-doces ao meio pelo comprimento. Pincele-as com azeite e leve ao forno (200 °C) por 50 minutos.

2 Separe a couve-flor em buquês e cozinhe-os no vapor por 15 minutos.

3 Retire a polpa das batatas-doces e coloque-a numa tigela. Misture-a com o cream cheese e a couve-flor cozida amassada. Tempere com sal e pimenta-do-reino. Recheie as batatas-doces com essa mistura, salpique-as com o queijo parmesão ralado e leve ao forno (180 °C) por 10 minutos.

Há vários tipos de batata-doce. As variedades Covington e Beauregard têm a polpa laranja e a casca avermelhada. Seu sabor é mais suave que o das de polpa branca ou roxa. Aqui, você pode usar qualquer uma. (N. da T.)

Batata-doce
2

Couve-flor
150 g

Cream cheese
80 g

Queijo parmesão ralado
60 g

Azeite de oliva
Um fio

BERINJELA RECHEADA
com cuscuz e queijo feta

⏰ 15 min 🔥 55 min

🍴 4 porções

1 Corte as berinjelas ao meio pelo comprimento e, com uma faca, faça um quadriculado na polpa de cada metade. Pincele-as com azeite, polvilhe com flor de sal e leve ao forno (180 °C) por 40 minutos.

2 Enquanto isso, hidrate o cuscuz conforme as instruções da embalagem e depois solte os grãos com um garfo. Numa frigideira grande com um pouco de azeite, refogue a cebola cortada em rodelas até dourar e junte o cuscuz hidratado. Adicione o queijo feta cortado em cubos e tempere com sal e pimenta-do-reino.

3 Retire a polpa das berinjelas e acrescente-a à mistura de queijo feta. Incorpore tudo muito bem, recheie as berinjelas com essa preparação e leve ao forno (180 °C) por 15 minutos.

Berinjela
4 pequenas

Cuscuz marroquino
150 g

Queijo feta
200 g

Cebola
1

Azeite de oliva
Um fio

COCUMELOS RECHEADOS
com alho-poró e castanha

15 min

30 min

4 porções

Sem glúten

1 Remova o talo dos cogumelos e disponha os chapéus numa assadeira com a parte arredondada para baixo.

2 Numa frigideira com um pouco de azeite, refogue o alho-poró fatiado por 10 minutos. Junte as castanhas trituradas e o queijo esfarelado. Tempere com sal e pimenta-do-reino e misture bem.

3 Recheie os cogumelos com essa mistura e leve ao forno (180 °C) por 20 minutos.

Cogumelo portobello
8

Alho-poró
1 talo

Castanha portuguesa cozida
50 g

Queijo de cabra fresco
100 g

Azeite de oliva
Um fio

PIMENTÃO RECHEADO
com arroz

15 min

40 min

4 porções

Sem glúten

Vegana

Sem lactose

Pimentão vermelho
4

Arroz cozido
150 g

1 Coloque o arroz cozido em uma tigela e reserve.

2 Numa frigideira com um pouco de azeite, refogue a cebola picada e o alho descascado e amassado. Junte os tomates cortados em cubos e cozinhe por 10 minutos. Misture com o arroz reservado e tempere com sal e pimenta-do-reino.

3 Corte a ponta dos pimentões, formando uma tampa, e retire o miolo. Recheie-os com a mistura de arroz, recoloque as tampas e disponha-os numa assadeira. Despeje água na assadeira até a altura de 1 cm e leve ao forno (180 °C) por 25 minutos.

Tomate
3

Cebola
1

Alho
1 dente

Azeite de oliva
Um fio

ABÓBORA RECHEADA
com cogumelos

20 min

45 min

4 porções

Sem glúten

1 Corte a parte de cima da abóbora, formando uma tampa, e retire as sementes. Numa panela grande, cozinhe a abóbora no vapor por 10 minutos. Ela deve ficar firme.

2 Corte os cogumelos em pedaços e refogue-os numa frigideira com um pouco de azeite. Acrescente o creme de leite e o queijo em cubos e misture bem. Tempere com sal e pimenta-do-reino.

3 Recheie a abóbora com essa mistura, coloque-a numa assadeira e leve ao forno (180 °C) por 30 minutos.

💡 *O queijo comté, originário da região do Jura, na França, é produzido com leite de vaca, tem coloração amarelada, consistência dura e sabores variados. Se quiser, substitua-o por outro queijo de massa firme. (N. da T.)*

💡 *A receita original utiliza uma abóbora da variedade Hokkaido; se não encontrar, utilize a japonesa (cabotiá) ou uma moranga.*

Abóbora
1

Cogumelo-de-paris
500 g

Creme de leite fresco
$^1/_2$ xícara (120 ml)

Queijo comté
100 g

Azeite de oliva
Um fio

RATATOUILLE
à provençal

15 min

50 min

4 porções

Sem glúten

Vegana

Sem lactose

1 Corte os legumes em rodelas bem finas (3 mm). Unte uma travessa refratária, esfregue o fundo e os lados com o alho descascado e disponha os legumes alternadamente. Aperte-os bem para que as rodelas fiquem em pé.

2 Regue com azeite, polvilhe com sal, pimenta-do-reino e tomilho. Leve ao forno (180 °C) por 50 minutos.

Abobrinha
2

Berinjela
1

Tomate
4

Alho
1 dente

Azeite de oliva
Um fio

Tomilho
Alguns ramos

BERINJELA
à italiana

1 Corte as berinjelas em fatias pelo comprimento. Pincele-as com azeite, disponha-as numa assadeira e leve ao forno (180 °C) por 30 minutos.

2 Enquanto isso, refogue a cebola picada e o alho amassado numa frigideira grande com azeite. Junte os tomates cortados em pedaços e o manjericão picado e cozinhe por 10 minutos. Tempere com sal e pimenta-do-reino.

3 Numa travessa refratária, coloque uma camada de berinjela cubra com o molho de tomate e salpique com o queijo parmesão. Repita o procedimento até os ingredientes acabarem, encerrando com uma camada de queijo. Leve ao forno (180 °C) por 20 minutos.

Berinjela
2

Tomate
4

Cebola
1

Alho
1 dente

Queijo parmesão ralado
40 g

... e também um pouco de

azeite de oliva

manjericão

TAGINE DE LEGUMES
com frutas secas

15 min

1 h

4 porções

Sem glúten

Vegana

Sem lactose

Legumes
600 g (cenoura, batata-doce, abobrinha, cebola)

Frutas secas
100 g (damasco, ameixa, uva-passa)

1 Corte os legumes em rodelas. Coloque um pouco de azeite numa panela marroquina e refogue as cebolas e o ras el hanout em fogo alto. Junte os outros legumes, as frutas secas e a harissa. Tempere com sal e pimenta-do-reino.

2 Tampe a panela e cozinhe em fogo baixo por 1 hora. Adicione o grão-de-bico e mantenha no fogo por mais 5 minutos. Salpique com as raspas de limão e sirva bem quente.

O ras el hanout é um tempero picante que incorpora os sabores exóticos da cozinha marroquina. A harissa é uma pasta picante feita de pimenta e especiarias usada na África do Norte. São encontrados em lojas especializadas ou grandes supermercados. (N. da T.)

Grão-de-bico cozido
150 g

Ras el hanout
3 colheres (sopa)

Harissa
3 colheres (sopa)

... e também um pouco de

azeite de oliva

raspas da casca de limão

CUSCUZ MARROQUINO
com legumes

15 min

50 min

4 porções

Sem lactose

Vegana

Cuscuz marroquino
400 g

Legumes
800 g (batata-doce, abobrinha, cenoura, cebola)

1 Coloque as uvas-passas numa tigela com água morna para reidratá-las. Corte os legumes em rodelas grandes.

2 Numa panela com um pouco de azeite, refogue as cebolas com o ras el hanout. Tempere com sal e pimenta-do-reino. Acrescente os legumes, refogue por alguns minutos e cubra-os com caldo de legumes. Quando ferver, tampe e cozinhe por 40 minutos. Junte o grão-de-bico cozido e mantenha no fogo por mais 5 minutos.

Grão-de-bico cozido
200 g

Ras el hanout
3 colheres (sopa)

3 Prepare o cuscuz conforme as indicações da embalagem e adicione as uvas-passas. Sirva acompanhado dos legumes e salpique com coentro picado.

O ras el hanout é um tempero picante que incorpora os sabores exóticos da cozinha marroquina. É encontrado em lojas especializadas ou grandes supermercados. (N. da T.)

Uva-passa branca
50 g

... e também um pouco de

azeite de oliva

caldo de legumes

coentro

FLÃ DE VERDURAS
com mostarda

15 min
25 min
4 porções

1 Corte a verdura (folhas e talos) em pedaços de 5 cm e cozinhe no vapor por 10 minutos.

2 Numa tigela, misture os ovos, o creme de leite, a farinha e a mostarda. Tempere com sal e pimenta-do-reino. Pique grosseiramente a verdura refogada e junte-a à mistura. Disponha essa massa em fôrmas de muffin ou ramequins e leve ao forno (180 °C) por 15 minutos.

Escolha verduras de folhas mais grossas, como acelga, repolho e couve, ou até mesmo folhas da beterraba.

Verduras
4 folhas

Mostarda em grãos
3 colheres (sopa)

Ovo
2

Leite
300 ml

Creme de leite fresco
200 ml

Farinha de trigo
1/3 de xícara (50 g)

FLÃ DE PIMENTÃO
com leite de coco

10 min

30 min

4 porções

Sem lactose

Sem glúten

1 Corte os pimentões em cubinhos. Numa tigela, bata os ovos com o leite de coco e a páprica. Tempere com sal e pimenta-do--reino. Misture bem.

2 Disponha os pimentões em ramequins refratários e cubra-os com a mistura de ovos. Leve ao forno (180 °C) por 30 minutos.

Pimentão vermelho
2

Leite de coco
$^1/_2$ garrafinha (100 ml)

Ovo
4

Páprica em pó
1 colher (chá)

FLÃ DE CENOURA
com queijo

15 min

35 min

4 porções

Sem glúten

1 Corte as cenouras em rodelas e cozinhe-as em água fervente com sal por 15 minutos.

2 Escorra as cenouras e bata com o creme de leite, a manteiga e o queijo parmesão até a mistura ficar homogênea e cremosa. Incorpore os ovos e o cominho. Tempere com sal e pimenta-do-reino.

3 Disponha a preparação em ramequins e leve ao forno (180 °C) por 20 minutos.

Se quiser, cubra o suflê com lascas de parmesão antes de levá-lo ao forno.

Cenoura
300 g

Creme de leite fresco
150 ml

Manteiga
30 g

Queijo parmesão ralado
30 g

Ovo
2

Cominho em grãos
1 colher (chá)

NHOQUE
de batata-doce

20 min

25 min

4 porções

1 Corte as batatas-doces em rodelas, cozinhe-as na água por 15 minutos até ficarem macias, descasque-as e amasse-as.

2 Acrescente a esse purê a farinha, a gema e as raspas da casca da laranja. Tempere com sal e pimenta-do-reino e misture bem até obter uma bola de massa.

3 Divida a massa em quatro pedaços e forme rolinhos com cada um. Corte-os do tamanho de nhoques e amasse-os levemente com um garfo.

4 Numa panela grande com água fervente, cozinhe os nhoques por 5 minutos, escorra-os e passe-os na manteiga por 5 minutos. Cubra com lascas de parmesão e sirva.

Há vários tipos de batata-doce. As variedades Covington e Beauregard têm a polpa laranja e a casca avermelhada. Seu sabor é mais suave que o das de polpa branca ou roxa. Aqui, você pode usar qualquer uma. (N. da T.)

Batata-doce
500 g

Farinha de trigo
1 ³/₄ xícara (250 g)

Gema
1

Laranja
1

Manteiga
1 colher (sopa)

Queijo parmesão ralado
Algumas lascas

LASANHA DE LEGUMES
com queijo de cabra

15 min

55 min

4 porções

1 Corte os legumes em pedaços e refogue--os por 15 minutos numa frigideira com um pouco de azeite. Tempere com sal e pimenta--do-reino. Reserve.

2 Leve uma panela ao fogo com a manteiga e deixe derreter. Junte a farinha e misture bem. Ainda no fogo, adicione o leite aos poucos, mexendo constantemente, até o molho engrossar. Tempere com sal e pimenta-do-reino.

3 Unte uma travessa refratária e monte camadas na seguinte ordem: folhas de lasanha, depois os legumes, um pouco do molho bechamel e alguns pedaços de queijo de cabra. Repita o procedimento até os ingredientes acabarem, finalizando com uma camada de creme. Cubra a lasanha com lascas de emmenthal e leve ao forno (180 °C) por 40 minutos.

Massa de lasanha
10 folhas

Legumes
500 g (abobrinha, tomate, pimentão)

Queijo de cabra
100 g

Manteiga
40 g

Leite
500 ml

... e também um pouco de
azeite de oliva

farinha de trigo, 5 colheres (sopa)

queijo emmenthal

PENNE AO PESTO
de couve

10 min

5 min

4 porções

1 Retire os talos da couve e pique-a grosseiramente. Bata no liquidificador a couve, as castanhas-de-caju e o queijo. Adicione o azeite e 2 colheres (sopa) de água e bata novamente até a mistura ficar homogênea. Tempere com sal e pimenta-do-reino e mexa.

2 Cozinhe o penne conforme as indicações da embalagem. Escorra-o e cubra-o com o pesto de couve. Sirva bem quente.

A couve-toscana possui folhas crespas e grossas e tambem é conhecida como kale. Se não encontrar, experimente outra variedade como a couve-galega, a portuguesa ou a tronchuda.

Penne
350 g

Couve-toscana
100 g

Castanha-de-caju
50 g

Queijo parmesão ralado
30 g

Azeite de oliva
4 colheres (sopa)

TAGLIATELLE
ao pesto de nozes

⏰ 15 min   🍲 10 min

🍴 4 porções   **Sem lactose**

Vegana

Tagliatelle
350 g

Nozes
100 g

1 Bata as nozes no liquidificador até obter uma farinha fina. Junte o alho descascado e amassado, o manjericão picado e o azeite. Bata até a mistura atingir a consistência desejada. Se o pesto ficar muito espesso, adicione mais azeite. Tempere com sal e pimenta-do-reino.

2 Cozinhe o tagliatelle conforme as indicações da embalagem. Escorra-o e cubra-o com o pesto. Misture e sirva bem quente.

Alho
1 dente

Manjericão
1 ramo

Azeite de oliva
3 colheres (sopa)

FUSILLI
com shiitake

1 Refogue as echalotas picadas em uma frigideira grande com um pouco de azeite e junte o shiitake. Cozinhe por alguns minutos e acrescente sal e pimenta-do-reino.

2 Enquanto isso, cozinhe o fusilli conforme as indicações da embalagem. Quando estiver pronto, escorra-o e adicione o creme de leite e o shiitake. Tempere com sal e pimenta-do-reino e misture delicadamente. Salpique com salsinha, queijo parmesão em lascas e sirva bem quente.

Se não encontrar echalotas, substitua por cebola pérola ou use cebolas bem pequenas.

Fusilli
250 g

Shiitake
250 g

Echalota
2

Creme de leite fresco
150 ml

Azeite de oliva
Um fio

... e também um pouco de
salsinha

queijo parmesão

CANELONE
com cream cheese e berinjela

15 min

55 min

4 porções

1 Corte a berinjela em pedaços e refogue em uma frigideira com azeite por 15 minutos. Retire do fogo e, em uma tigela, misture a berinjela com o cream cheese. Tempere com sal e pimenta-do-reino e salpique com manjericão picado. Recheie os canelones com essa mistura e disponha-os numa travessa refratária.

2 Numa frigideira grande com um pouco de azeite, refogue a echalota descascada e picada e junte o tomate com o suco. Tempere com sal e pimenta-do-reino e apure por 10 minutos. Despeje esse molho sobre os canelones, polvilhe com parmesão e leve ao forno (180 °C) por 30 minutos.

Se não encontrar echalotas, substitua por cebola pérola ou use cebolas bem pequenas.

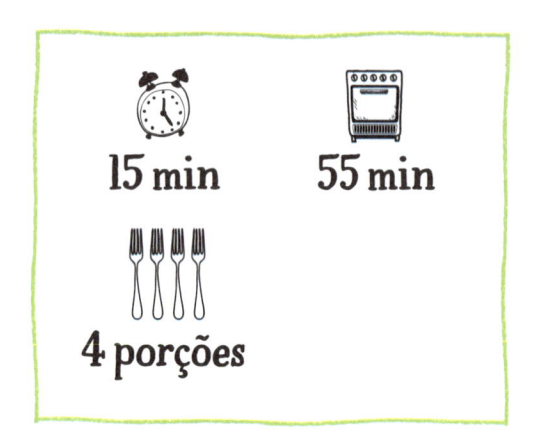

Massa de canelone
12 unidades

Cream cheese
1 pote (150 g)

Berinjela
1

Tomate pelado
1 lata (400 g)

Echalota
1

... e também um pouco de

azeite de oliva

manjericão

queijo parmesão ralado

CONCHIGLIONE
com pimentão e queijo de cabra

15 min

40 min

4 porções

1 Numa frigideira com um pouco de azeite, refogue os pimentões cortados em cubinhos. Em seguida, misture-os com o queijo de cabra.

2 Em uma panela grande, refogue a cebola descascada e picada com um pouco de azeite, junte os tomates e o manjericão picado. Deixe apurar por 10 minutos e disponha metade desse molho numa travessa refratária.

3 Cozinhe o macarrão por 2 minutos a menos que o tempo indicado na embalagem. Escorra-o e recheie cada conchinha com 1 colher (sopa) da mistura de queijo e pimentão. Disponha-as na travessa refratária sobre o molho e cubra com o restante dele. Polvilhe com queijo parmesão e leve ao forno (180 °C) por 10 minutos.

Conchiglione
250 g

Pimentão vermelho
2

Queijo de cabra fresco
150 g

Tomate pelado
1 lata (400 g)

Cebola
1

... e também um pouco de
azeite de oliva

manjericão

queijo parmesão ralado

ESPAGUETE
com pimentão

⏰ 10 min

🍳 40 min

🍴 4 porções

⬤ Descanso 10 min

1 Corte os pimentões ao meio e coloque-os numa assadeira com a casca virada para cima. Leve ao forno (200 °C) por 30 minutos.

2 Insira os pimentões num saco plástico por 10 minutos e depois tire a pele.

3 Numa panela com um pouco de azeite, refogue a cebola descascada e picada e o alho descascado e amassado. Transfira para o liquidificador, junte o pimentão, o leite e o amido de milho e bata bem. Coloque esse molho de volta na panela, tempere com sal e pimenta-do-reino e leve ao fogo para apurar.

4 Cozinhe o espaguete conforme as instruções da embalagem e cubra-o com o molho de pimentão. Salpique com manjericão, regue com azeite e sirva bem quente.

Espaguete
400 g

Pimentão vermelho
2

Cebola
1

Alho
1 dente

Leite
1 ¹/₄ xícara (300 ml)

... e também um pouco de

amido de milho, 1 colher (sopa)

azeite de oliva

manjericão

ESPAGUETE
à carbonara diferente

10 min

15 min

4 porções

1 Numa frigideira grande, refogue a cebola descascada e picada em um pouco de azeite. Adicione o tofu cortado em tirinhas e deixe dourar. Junte o creme de leite, salpique com salsinha picada, tempere com sal e pimenta-do-reino e cozinhe por alguns minutos.

2 Cozinhe o espaguete al dente. Escorra-o, misture-o ao molho carbonara e polvilhe com o queijo parmesão.

Se desejar, acrescente uma gema em cada prato no momento de servir.

Espaguete
500 g

Tofu defumado
200 g

Cebola
2

Creme de leite sem soro
2 colheres (sopa)

... e também um pouco de
azeite de oliva
salsinha

Queijo parmesão ralado
30 g

MACARRÃO
de uma panela só

15 min

25 min

4 porções

Sem lactose

Vegana

1 Numa panela grande, refogue a cebola descascada e cortada em rodelas. Junte o pimentão e a abobrinha cortados em pedacinhos. Cozinhe por 10 minutos.

2 Corte os cogumelos em fatias e os tomates em cubos. Acrescente-os à panela juntamente com o fusilli e 300 ml de água. Tempere com sal e pimenta-do-reino. Depois que ferver, tampe e cozinhe em fogo baixo por 10 minutos, até a massa ficar no ponto. Sirva bem quente.

Fusilli
200 g

Pimentão vermelho
1

Abobrinha
1

Cogumelo-de-paris
150 g

Tomate
3

Cebola roxa
1

COZIDO
de legumes

1 Pique a cebola grosseiramente. Descasque as batatas e corte-as em quatro; corte o repolho, o nabo e a cenoura em pedaços grandes. Coloque um pouco de azeite em uma panela grande, refogue as cebolas e acrescente a batata, o repolho, o nabo e a cenoura.

2 Tempere com sal, pimenta-do-reino e 2 ou 3 ramos de tomilho. Refogue por alguns minutos. Acrescente à panela 200 ml de água, tampe e cozinhe em fogo baixo por 40 minutos ou até os legumes ficarem macios. Sirva quente.

Batata
300 g

Repolho
$^1/_2$

Nabo
$^1/_2$

Cenoura
4

Cebola
4

... e também um pouco de
azeite de oliva

tomilho

COZIDO DE ALHO-PORÓ,
cogumelo e trigo-sarraceno

15 min

40 min

4 porções

Sem glúten

1 Numa frigideira grande, refogue o alho-poró picado em um pouco de azeite por 15 minutos. Junte o cogumelo fatiado e tempere com sal e pimenta-do-reino.

2 Cozinhe o trigo-sarraceno por 10 minutos em uma panela com água fervente em quantidade duas vezes maior que seu volume. Quando toda a água evaporar, junte o creme de leite e distribua a mistura em vasilhas refratárias. Depois cubra com o refogado de alho-poró e cogumelo e polvilhe com o queijo. Leve ao forno (180 °C) por 15 minutos.

O queijo comté, originário da região do Jura, na França, é um dos mais consumidos no mundo. Produzido com leite de vaca, tem coloração amarelada, consistência dura e sabores variados. Se quiser, substitua-o por outro queijo de massa firme. (N. da T.)

Alho-poró
1 talo

Cogumelo-de-paris
250 g

Trigo-sarraceno
300 g

Creme de leite fresco
100 ml

Queijo comté ralado
50 g

Azeite de oliva
Um fio

REFOGADO DE BATATA-DOCE
e brócolis

10 min

25 min

4 porções

Sem glúten

Vegana

Sem lactose

Batata-doce
1 grande

Brócolis
1 pé

1 Numa caçarola de ferro, aqueça um pouco de azeite e junte a cebola descascada e picada. Tempere com sal, pimenta-do-reino, cominho e coentro e refogue por alguns minutos.

2 Adicione a batata-doce e o tofu cortados em cubos e os brócolis separados em buquês. Misture bem, tampe a panela e cozinhe por 20 minutos, até os legumes ficarem macios.

Tofu
125 g

Cebola
2

Sirva com arroz, quinoa ou trigo para quibe.

Há vários tipos de batata-doce. As variedades Covington e Beauregard têm a polpa laranja e a casca avermelhada. Seu sabor é mais suave que o das de polpa branca ou roxa. Aqui, você pode usar qualquer uma. (N. da T.)

Azeite de oliva
Um fio

... e também um pouco de

cominho em pó

coentro em pó

CURRY
de lentilha vermelha

10 min

40 min

4 porções

Sem glúten

Vegana

Sem lactose

1 Numa panela grande com um pouco de azeite, refogue a cebola descascada e picada e a cenoura cortada em cubinhos com o curry. Cozinhe por 10 minutos.

2 Junte a lentilha e misture bem para envolvê-la com azeite. Tempere com sal e pimenta-do-reino. Adicione 2 xícaras (500 ml) de água, tampe a panela e cozinhe por 20 minutos, mexendo de vez em quando.

3 Se precisar, aumente o fogo para que a água restante evapore e acrescente o leite de coco. Cozinhe por mais 10 minutos.

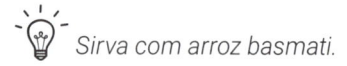 *Sirva com arroz basmati.*

Lentilha vermelha
250 g

Curry
2 colheres (chá)

Cebola
1

Cenoura
2

Leite de coco
1 garrafinha (200 ml)

Azeite de oliva
Um fio

CURRY
de legumes

15 min

45 min

4 porções

Sem glúten

Vegana

Sem lactose

Legumes variados
800 g

Curry
2 a 3 colheres (chá)

1 Numa panela com um pouco de azeite, refogue a cebola descascada e picada com o curry e o gengibre ralado. Junte os legumes cortados em pedaços.

2 Tempere com sal, pimenta-do-reino e doure por alguns instantes. Tampe e cozinhe por 30 minutos. Adicione o leite de coco e cozinhe por mais 10 minutos.

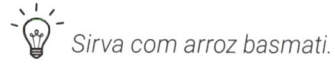 *Sirva com arroz basmati.*

Cebola
1

Gengibre
2 cm

Leite de coco
1 garrafinha (200 ml)

Azeite de oliva
Um fio

COUVE-FLOR
e batata ao curry

15 min

35 min

4 porções

Sem glúten

Vegana

Sem lactose

1 Separe a couve-flor em buquês e descasque e corte as batatas em pedaços. Cozinhe-as no vapor por 15 minutos.

2 Numa frigideira grande com um pouco de azeite, refogue a cebola descascada e picada com o curry. Junte a couve-flor e a batata, tempere com sal e pimenta-do-reino e cozinhe por mais 10 minutos ou até os legumes ficarem macios.

Couve-flor
1

Batata
500 g

Curry
3 colheres (chá)

Cebola
1

Azeite de oliva
Um fio

DAL
de espinafre

🕐 15 min   🍲 35 min

🍴 4 porções

Sem glúten

Vegana

Sem lactose

1 Refogue a cebola picada e o gengibre ralado em uma frigideira grande e funda com um pouco de azeite. Adicione o curry e tempere com sal e pimenta-do-reino. Junte a lentilha e água em quantidade duas vezes maior que seu volume.

2 Cozinhe por 10 minutos e acrescente o espinafre picado grosseiramente. Aumente o fogo e espere a água evaporar. Então, junte o leite de coco, tampe e deixe apurar por mais 15 minutos.

💡 *Sirva com arroz basmati.*

Espinafre
400 g

Lentilha vermelha
120 g

Cebola
1

Gengibre
2 cm

Leite de coco
³/₄ de garrafinha
(150 ml)

Curry
2 colheres (chá)

OVOS
com espinafre

10 min

20 min

4 porções

Sem glúten

Sem lactose

1 Pique o espinafre grosseiramente. Coloque um pouco de azeite em uma frigideira grande e refogue as cebolas descascadas e picadas com o alho descascado e amassado e o curry. Junte o espinafre e cozinhe por 10 minutos em fogo baixo. Tempere com sal e pimenta-do-reino.

2 Ainda na frigideira, separe o espinafre formando quatro cavidades e quebre 1 ovo em cada uma. Tampe e cozinhe por 5 minutos, até a clara ficar consistente. Sirva bem quente.

Se quiser, polvilhe com queijo parmesão ralado na etapa final.

Ovo
4

Espinafre
500 g

Cebola
2

Alho
1 dente

Curry
2 colheres (chá)

Azeite de oliva
Um fio

TOMATES RECHEADOS

com ovos cocotte

5 min

30 min

4 porções

Sem glúten

1 Corte uma tampa nos tomates e retire as sementes com cuidado para não furar a casca. Recheie cada um com 1 colher (chá) de creme de leite e salpique com manjericão picado.

2 Quebre 1 ovo dentro de cada tomate e polvilhe com queijo parmesão, sal e pimenta-do-reino. Leve ao forno (180 °C) por 30 minutos e sirva quente.

Para ficar ainda mais saboroso, cubra os tomates com lascas de parmesão antes de levá-los ao forno.

Ovo
4

Tomate
4

Creme de leite fresco
4 colheres (chá)

Manjericão
8 folhas

Queijo parmesão ralado
20 g

OVOS
ao forno com shiitake

⏰ **10 min** 🍳 **15 min**

🍴 **4 porções** ⚫ **Sem glúten**

1 Numa frigideira, refogue as echalotas descascadas e picadas com o shiitake cortado em pedaços e junte o molho de soja.

2 Separe quatro vasilhas refratárias e coloque, em cada uma, 1 clara, 1 colher (sopa) de creme de leite e um pouco do shiitake. Leve ao forno (180 °C) por 12 minutos. Coloque 1 gema em cada vasilha e cozinhe por mais 3 minutos. Salpique com salsinha picada.

💡 *Sirva com salada verde. Se não encontrar echalotas, substitua por cebola pérola ou use cebolas bem pequenas.*

Ovo

4

Shiitake

200 g

Echalota

3

Molho de soja

2 colheres (sopa)

Creme de leite fresco

4 colheres (sopa)

Salsinha

Alguns ramos

TOMATES À PROVENÇAL
com tofu e cogumelos

10 min

45 min

4 porções

Sem glúten

Vegana

Sem lactose

Tomate
4

Tofu firme
200 g

1 Corte os tomates ao meio no sentido do comprimento. Numa tigela, misture o molho pesto com a farinha de rosca e o alho amassado. Recheie os tomates com essa mistura, disponha-os numa travessa refratária com a parte cortada para cima e leve ao forno (180 °C) por 30 minutos.

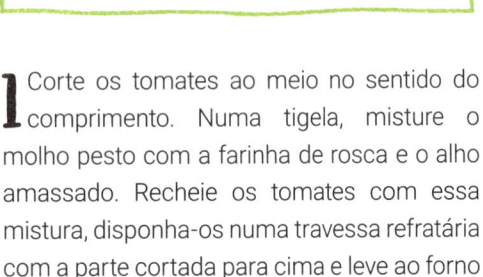

Cogumelo-de-paris
150 g

Molho pesto
4 colheres (sopa)

2 Refogue a echalota descascada e picada e o cogumelo fatiado em uma frigideira com um pouco de azeite. Junte o tofu picado. Em seguida, adicione o gengibre ralado, a cúrcuma, sal e pimenta-do-reino e cozinhe por 10 minutos, mexendo constantemente.

3 Sirva o tofu refogado com os tomates à provençal.

Se não encontrar echalota, substitua por cebola pérola ou use cebolas bem pequenas.

Echalota
1

... e também um pouco de

farinha de rosca, 1 colher (sopa)

alho, 2 dentes

azeite de oliva

gengibre fresco

cúrcuma em pó

MAÇÃS COM QUEIJO DE CABRA

e batatas com mostarda

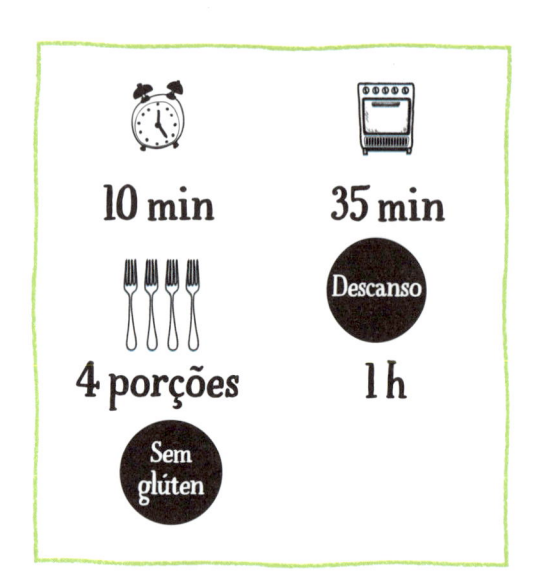

10 min

35 min
Descanso

4 porções

1 h

Sem glúten

Maçã
2

Queijo de cabra
1

1 Descasque as batatas, corte-as em quatro e cozinhe-as em água com sal por 15 minutos. Escorra-as e coloque-as num recipiente hermético com a mostarda, o gergelim e o azeite. Tempere com sal e pimenta-do-reino, misture bem e deixe marinar por 1 hora.

2 Descasque e corte a maçã em rodelas e disponha-as numa assadeira forrada com papel-manteiga. Coloque sobre cada rodela uma fatia de queijo de cabra, um ramo de tomilho e tempere com pimenta-do-reino. Acrescente a batata à assadeira e leve ao forno (180 °C) por 20 minutos.

3 Sirva a maçã com queijo acompanhada da batata com a mostarda.

Batata
400 g

Mostarda
4 colheres (sopa)

... e também um pouco de
azeite, 3 colheres (sopa)

tomilho

Semente de gergelim
4 colheres (sopa)

ESPETINHOS
de tofu

5 min

10 min

Descanso

4 porções

3 h

4 porções

Sem glúten

Sem lactose

1 Corte o tofu em cubos, os cogumelos ao meio e o pimentão em quadrados médios.

2 Num recipiente com tampa hermética, misture o molho de soja, o mel e o óleo de gergelim. Junte o tofu e os legumes e mexa bem. Tampe e deixe marinar na geladeira por 3 horas.

3 Monte os espetos alternando o tofu e os legumes e doure-os por alguns minutos numa frigideira com um pouco de azeite.

Tofu
200 g

Cogumelo-de-paris
200 g

Pimentão vermelho
1

Molho de soja
4 colheres (sopa)

Mel
4 colheres (sopa)

Óleo de gergelim
4 colheres (sopa)

PAPELOTES DE ERVA-DOCE,
batata-doce e tofu

10 min

30 min

4 porções

Sem glúten

Vegana

Sem lactose

1 Corte a erva-doce em pedaços e a batata-doce e o tofu em cubos.

2 Recorte quatro quadrados de papel-manteiga e disponha-os numa assadeira. Coloque sobre o centro de cada quadrado alguns pedaços de legumes e de tofu e um dente de alho inteiro. Tempere com sal e pimenta-do-reino, regue com um fio de azeite e salpique com coentro picado.

3 Dobre as folhas de papel-manteiga e amarre-as com barbante culinário para formar os papelotes. Leve ao forno (180 °C) por 30 minutos.

Há vários tipos de batata-doce. As variedades Covington e Beauregard têm a polpa laranja e a casca avermelhada. Seu sabor é mais suave que o das de polpa branca ou roxa. Aqui, você pode usar qualquer uma. (N. da T.)

Erva-doce
1 bulbo

Batata-doce
1 grande

Tofu
125 g

Alho
4 dentes

Azeite de oliva
Um fio

Coentro
Alguns ramos

PANISSES

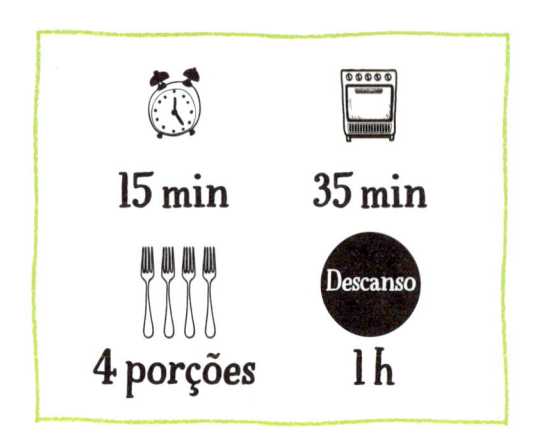

15 min

35 min

4 porções

Descanso 1 h

1 Dissolva a farinha em 1 xícara (250 ml) de água, misturando bem. Numa panela, ferva mais 1 xícara (250 ml) de água com 1 colher (chá) de azeite. Junte a farinha dissolvida, as ervas de Provence, sal e pimenta-do-reino. Cozinhe em fogo baixo por 15 minutos, mexendo sem parar para que a mistura não grude no fundo e forme uma massa.

2 Despeje a massa numa travessa retangular e alise-a com uma espátula até ficar com cerca de 1 cm de altura. Deixe na geladeira por 1 hora.

3 Corte retângulos ou círculos de massa e disponha-os numa assadeira. Pincele-os com azeite e leve ao forno (200 °C) por 20 minutos.

4 Numa tigela, misture o creme de leite com a mostarda e use esse molho para mergulhar as panisses.

Sirva com a Salada de quinoa e laranja (receita na p. 114).

Farinha de grão-de-bico
150 g

Creme de leite fresco
3 colheres (sopa)

Mostarda
1 colher (sopa)

Azeite de oliva
3 colheres (sopa)

Ervas de Provence
1 colher (sopa)

PANQUEQUINHA
de aveia com abobrinha

15 min

20 min

4 porções

Descanso

30 min

1 Rale a abobrinha e coloque-a numa tigela com a aveia e os ovos. Junte o leite, a farinha e o cominho, misture bem e deixe descansar na geladeira por 30 minutos.

2 Forme pequenas panquecas com a massa e doure-as por 5 minutos de cada lado em uma frigideira com um pouco de azeite. Sirva bem quente.

Sirva com a Salada de fitas de abobrinha (receita na p. 66).

Aveia em flocos
150 g

Abobrinha
1

Ovo
2

Leite
100 ml

Farinha de trigo
³/₄ de xícara (100 g)

... e também um pouco de

cominho em pó

azeite de oliva

PANQUEQUINHA
de ervilha com hortelã

10 min **15 min**

4 porções

1 Bata no liquidificador as ervilhas, o leite, o leite de coco e a hortelã. Tempere com sal e pimenta-do-reino, bata mais um pouco e junte a farinha.

2 Forme pequenas panquecas com as mãos. Doure-as por alguns minutos de cada lado em uma frigideira com um pouco de azeite.

Sirva com salada de folhas. Para esta receita, você pode utilizar 1 pacote de ervilhas congeladas vendidas nos supermercados (descongele-as antes).

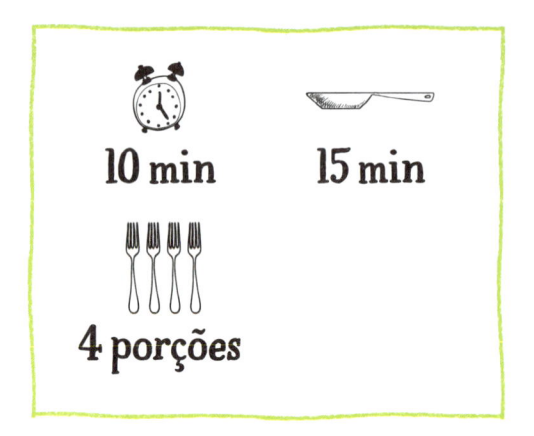

Ervilhas cozidas
400 g

Hortelã
1 ramo pequeno

Leite
100 ml

Leite de coco
1 garrafinha (200 ml)

Farinha de trigo
¾ de xícara (100 g)

Azeite de oliva
Um fio

PANQUEQUINHA
de fubá com legumes

15 min

20 min

Descanso

4 porções

30 min

Vegana

Sem glúten

1 Rale a cenoura, corte o pimentão em pedacinhos e descasque e pique a cebola.

2 Aqueça o caldo e acrescente o fubá aos poucos. Cozinhe por 3 minutos, sem parar de mexer, até que a mistura engrosse. Adicione um pouco de azeite, os legumes cortados e as ervas de Provence. Tempere com sal e pimenta-do-reino e mexa bem.

3 Numa assadeira forrada com papel-manteiga, despeje essa massa e alise a superfície até ficar com 1 cm de altura. Espere 30 minutos para esfriar.

4 Recorte discos de massa com um cortador e leve ao forno (180 °C) por 15 minutos.

 Sirva com salada verde ou mista.

Fubá
300 g

Cenoura
1

Pimentão vermelho
1

Cebola
1

Caldo de legumes
1 litro

... e também um pouco de

azeite de oliva

ervas de Provence

PANQUEQUINHA
de lentilha com cenoura

10 min

25 min

4 porções

Sem lactose

Vegana

1 Numa panela grande com água, coloque a lentilha, as cenouras e as echalotas cortadas em pedaços. Cozinhe por 15 minutos e escorra.

2 Leve a mistura ao liquidificador e bata com a farinha de rosca e a farinha de trigo. Tempere com sal e pimenta-do-reino e continue batendo até obter uma massa homogênea.

3 Molde as panquecas e termine o preparo levando-as ao fogo em uma frigideira com um pouco de azeite. Deixe fritar por 4 minutos de cada lado.

Sirva com salada verde. Se não encontrar echalotas, substitua por cebola pérola ou use cebolas bem pequenas.

Lentilha vermelha
160 g

Cenoura
3

Echalota
2

Farinha de rosca
$1/3$ de xícara (40 g)

Farinha de trigo
$1/4$ de xícara (40 g)

Azeite de oliva
Um fio

BOLINHOS
de couve-flor com parmesão

🕐 **10 min**   🔥 **30 min**

🍴 **4 porções**

1 Corte a couve-flor em buquês e cozinhe em água fervente por 15 minutos. Amasse grosseiramente a couve-flor cozida com um garfo e acrescente o queijo parmesão, a farinha de rosca e o ovo. Tempere com sal e pimenta-do-reino. Misture bem e forme bolinhas com a massa.

2 Coloque as bolinhas em uma travessa refratária untada com um fio de azeite. Leve ao forno (180 °C) por 15 minutos, virando-as na metade do cozimento.

💡 *Sirva com salada verde ou mista ou então como aperitivo.*

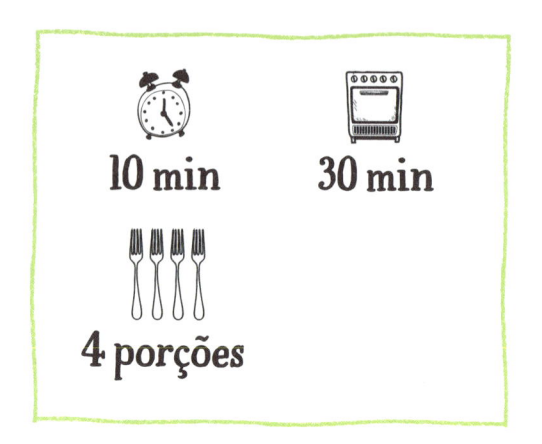

Couve-flor
400 g

Queijo parmesão ralado
30 g

Farinha de rosca
30 g

Ovo
1

Azeite de oliva
Um fio

COUVE-FLOR EMPANADA
com avelã

10 min

15 min

4 porções

1 Separe a couve-flor em buquês. Numa tigela, misture a farinha com 200 ml de água e junte as avelãs picadas grosseiramente e a cúrcuma. Tempere com sal e pimenta-do-reino.

2 Aqueça o óleo numa panela. Mergulhe os buquês de couve-flor na massa e em seguida no óleo bem quente.

3 Frite por 5 minutos, até a massa ficar dourada, e escorra em papel absorvente. Salpique com um pouco de flor de sal e sirva bem quente.

Sirva com salada verde ou mista ou então como aperitivo.

Couve-flor
1

Avelã
50 g

Farinha de grão-de-bico
150 g

Cúrcuma em pó
1 colher (chá)

Óleo para fritar
1 litro

Flor de sal
Uma pitada

FALAFEL RÁPIDO
de forno

10 min

30 min

4 porções

Sem lactose

Vegana

Grão-de-bico cozido
400 g

Cominho em pó
2 colheres (chá)

1 Se estiver usando grão-de-bico enlatado, escorra-o e lave-o. Bata o grão-de-bico com as especiarias no liquidificador. Junte o coentro e a farinha e bata mais um pouco. Tempere com sal e pimenta-do-reino e misture até obter uma massa homogênea.

2 Forme bolinhas com as mãos, pincele-as com azeite e leve ao forno (180 °C) por 30 minutos.

Sirva com molho de iogurte ou com homus.

Gengibre em pó
2 colheres (chá)

Coentro picado
3 colheres (sopa)

Farinha de trigo
2 colheres (sopa)

Azeite de oliva
1 colher (sopa)

NUGGETS DE TOFU
com cenoura

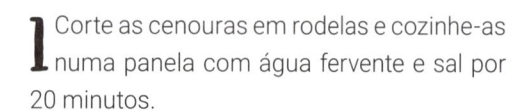

10 min

30 min

4 porções

Descanso

15 min

Vegana

Sem lactose

1 Corte as cenouras em rodelas e cozinhe-as numa panela com água fervente e sal por 20 minutos.

2 No liquidificador, bata a cenoura cozida com o tofu, a chia, o amido de milho e um pouco de gengibre. Tempere com sal e pimenta-do-reino e deixe descansar por 15 minutos.

3 Forme bolinhas com a massa, achate-as levemente e passe-as na farinha de rosca. Frite os nuggets numa frigideira com um pouco de azeite bem quente. Escorra em papel absorvente.

 Sirva os nuggets com salada verde.

Tofu
200 g

Cenoura
300 g

Semente de chia
3 colheres (sopa)

Amido de milho
4 colheres (sopa)

Farinha de rosca
50 g

... e também um pouco de
gengibre fresco

azeite de oliva

PETISCO DE FUBÁ,
com tomate e mozarela

15 min

25 min

4 porções

Descanso

15 min

Sem glúten

1 Numa panela com 600 ml de água fervente, despeje o fubá aos poucos e cozinhe por 5 minutos, mexendo sem parar. Junte o azeite e misture bem. Tempere com sal e pimenta-do-reino.

2 Despeje essa polenta numa assadeira, deixando-a com cerca de 1 cm de altura, e reserve por 15 minutos para esfriar.

3 Recorte alguns círculos de 6 cm de diâmetro da polenta depois de fria com um cortador de massa. Cubra cada um com uma fatia de tomate e outra de mozarela. Leve ao forno (180 °C) por 20 minutos. Antes de servir, decore cada petisco com 1 folha de manjericão.

Fubá
200 g

Tomate
2

Mozarela de búfala
2 bolas grandes

Azeite de oliva
1 colher (chá)

Manjericão
12 folhas

ROLINHOS
de legumes

15 min

25 min

4 porções

Sem glúten

Vegana

Sem lactose

1 Numa frigideira com um pouco de azeite, refogue a erva-doce, a abobrinha e o gengibre ralados.

2 Cozinhe o bifum numa panela com água fervente por 5 minutos. Escorra-o e adicione-o aos legumes. Tempere com um pouco de molho de soja, sal e pimenta-do-reino.

3 Mergulhe 1 folha de papel de arroz em água morna por alguns segundos e escorra-a sobre um pano limpo. Coloque um pouco do recheio no centro, dobre os lados para dentro, cobrindo o recheio, e enrole, pressionando bem. Repita o procedimento até os ingredientes terminarem.

4 Numa frigideira, aqueça um pouco de azeite e coloque os rolinhos. Doure-os por 10 minutos, virando-os de vez em quando.

Sirva com um molho de soja e hortelã ou com uma mistura de leite de coco e manteiga de amendoim.

Papel de arroz
8 folhas

Bifum de arroz
100 g

Erva-doce
1 bulbo

Abobrinha
1

Gengibre
2 cm

... e também um pouco de

molho de soja

azeite de oliva

PASTELÃO
de queijo brie com maçã

15 min | 35 min

4 porções

1 Pique a cebola e corte as maçãs em cubos. Refogue-as na manteiga por 10 minutos até ficarem douradas. Tempere com sal e pimenta-do-reino.

2 Desenrole a massa, coloque o queijo brie fatiado em uma metade e cubra com a maçã preparada. Dobre a massa pressionando bem as extremidades.

3 Pincele o pastelão com um pouco de manteiga derretida e leve ao forno (180 °C) por 25 minutos.

 Sirva com salada de alface.

Massa folhada laminada

1 pacote (300 g)

Queijo brie

200 g

Maçã

2

Cebola

1

Manteiga

15 g

PASTEL
de espinafre com queijo de cabra

15 min

40 min

4 porções

1 Numa frigideira com um pouco de azeite, refogue a cebola picada e junte o espinafre cortado grosseiramente. Tempere com sal e pimenta-do-reino e cozinhe por mais ou menos 10 minutos.

2 Recorte quatro círculos em cada massa. Na metade de cada um, disponha um pouco de espinafre e cubra com o queijo de cabra cortado em fatias. Dobre a massa, cobrindo o recheio, e pressione as extremidades para fechar bem.

3 Pincele os pastéis com manteiga derretida e leve ao forno (180 °C) por 25 minutos.

Sirva com salada verde.

Massa folhada laminada
2 pacotes (300 g cada)

Espinafre
500 g

Queijo de cabra fresco
150 g

Cebola
1

Azeite de oliva
Um fio

Manteiga
15 g

FOLHADO
de cogumelo

1 Fatie os cogumelos e doure-os numa frigideira sem gordura. Tempere com sal, pimenta-do-reino e junte um pouco de salsinha picada.

2 Coloque os cogumelos numa tigela, adicione o creme de leite e as gemas. Misture bem e espere esfriar.

3 Corte cada massa em quatro quadrados. Disponha o recheio no centro de quatro quadrados de massa e cubra-os com os quadrados restantes pressionando bem as extremidades.

4 Pincele-os com o ovo batido e leve ao forno (200 °C) por 30 minutos.

Massa folhada laminada
2 pacotes (300 g cada)

Cogumelo-de-paris
400 g

Creme de leite fresco
100 ml

Ovo
1 + 2 gemas

Salsinha picada
Alguns ramos

SAMOSA
de cebola caramelizada e queijo

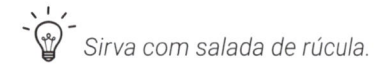

15 min   40 min

4 porções

1 Numa frigideira grande com um pouco de azeite, refogue as cebolas descascadas e cortadas em rodelas até dourarem. Junte o vinagre, tampe e cozinhe por 15 minutos. Adicione o açúcar, tampe novamente e cozinhe por mais 15 minutos. Reserve.

2 Corte as folhas de massa ao meio. Dobre cada metade de novo, no sentido do comprimento. Numa extremidade coloque 1 colher (sopa) da cebola preparada e um pedaço de queijo. Dobre a massa, formando um triângulo, e continue dobrando até formar um pacotinho. Doure as samosas numa frigideira com um pouco de azeite e escorra em papel absorvente.

Sirva com salada de rúcula.

Massa para harumaki
6 folhas

Cebola
500 g

Queijo de cabra
150 g

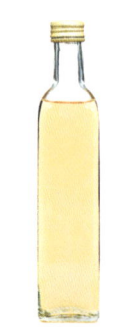

Vinagre branco
2 colheres (sopa)

Açúcar
2 colheres (sopa)

Azeite de oliva
Um fio

FOLHADO DE PIMENTÃO
e cream cheese

15 min

20 min

4 porções

1 Corte os pimentões em tiras bem finas. Numa tigela, bata o cream cheese e junte o queijo parmesão, os pimentões e o manjericão. Tempere com sal e pimenta-do-reino.

2 Recorte quatro círculos em cada massa e coloque um pouco do recheio na metade de cada um. Dobre-os e feche-os pressionando bem as bordas. Leve ao forno (180 °C) por 20 minutos.

 Sirva com salada verde.

Massa folhada laminada
2 pacotes (300 g cada)

Pimentão vermelho
2

Cream cheese
200 g

Queijo parmesão ralado
50 g

Manjericão picado
1 ramo pequeno

TORTA GREGA
de espinafre e queijo feta

20 min   45 min

4 porções

1 Mergulhe o espinafre em uma panela com água fervente por 5 minutos. Escorra-o e pique-o grosseiramente.

2 Numa tigela, bata os ovos ligeira-mente e misture-os com o espinafre e o queijo feta amassado. Tempere com sal e pimenta-do-reino.

3 Derreta a manteiga e unte com ela uma fôrma de torta e as folhas de massa. Disponha cinco folhas no fundo da fôrma, adicione o recheio de espinafre e cubra com as cinco folhas restantes. Leve ao forno (180 °C) por 40 minutos.

Massa filo
10 folhas

Espinafre
500 g

Ovo
2

Queijo feta
100 g

Manteiga
100 g

RÖSTI
de alho-poró

⏰ **10 min** 🍳 **50 min**

🍴🍴🍴🍴 **4 porções** ⚫ **Sem glúten**

1 Descasque as batatas e cozinhe-as no vapor por 20 minutos. Amasse-as grosseiramente com um garfo.

2 Coloque um pouco de azeite em uma frigideira grande e refogue o alho-poró picado com o alho descascado e amassado e o cominho. Tempere com sal e pimenta-do-reino. Junte o alho-poró e a batata, misture e adicione o queijo cortado em cubos.

3 Molde a massa com as mãos, formando pequenos discos ou bolinhos, e disponha-os numa assadeira forrada com papel-manteiga untado. Leve ao forno (180 °C) por 20 minutos, virando os röstis na metade do cozimento.

💡 *O queijo comté, originário da região do Jura, na França, é um dos mais consumidos no mundo. Produzido com leite de vaca, tem coloração amarelada, consistência dura e sabores variados. Se quiser, substitua-o por outro queijo de massa firme. (N. da T.)*

Batata
400 g

Alho-poró
2 talos

Alho
1 dente

Cominho em pó
1 colher (chá)

Queijo comté
50 g

Azeite de oliva
Um fio

TOFU MARINADO
com gergelim e chips de legumes

- 15 min
- 25 min
- 4 porções
- Descanso 3 h
- Vegana
- Sem lactose
- Sem glúten

Tofu
200 g

Óleo de gergelim
5 colheres (sopa) + um pouco para cozinhar

1 Corte o tofu em cubos de 1 cm. Em um recipiente hermético, misture o molho de soja e o óleo de gergelim. Junte o gengibre em fatias fininhas e depois o tofu. Deixe na geladeira por 3 horas, tampado, virando o tofu para ficar bem marinado.

2 Corte os legumes em tiras finas. Coloque-os numa tigela, regue com azeite e tempere com sal, pimenta-do-reino e cominho. Espalhe os legumes numa assadeira e leve ao forno (200 °C) por 25 minutos.

3 Enquanto isso, envolva o tofu em sementes de gergelim e doure-o numa frigideira com um pouco de azeite por alguns minutos de cada lado. Sirva-o com os chips de legumes.

💡 *Nesta receita, você pode utilizar nabo, cenoura, batata, aipo, mandioquinha e outros tubérculos e raízes.*

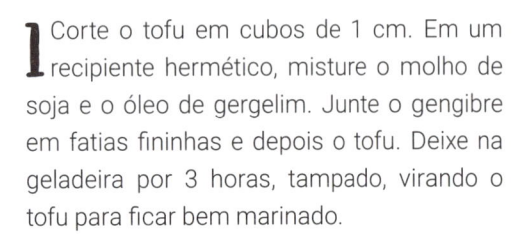

Legumes (ver dica)
400 g

Molho de soja
3 colheres (sopa)

... e também um pouco de
azeite de oliva, 5 colheres (sopa)

cominho em pó

sementes de gergelim

Gengibre
3 cm

ROLINHOS PRIMAVERA
de legumes

15 min

25 min

4 porções

Sem lactose

Vegana

1 Corte a abobrinha e as cenouras em palitos e refogue em uma frigideira com um pouco de azeite por 10 minutos. Adicione os cogumelos fatiados, cozinhe por mais 5 minutos e junte os brotos de soja. Tempere com sal e pimenta-do-reino e misture bem.

2 Pincele 1 folha de massa com azeite. Coloque 1 colher (sopa) do recheio de legumes no centro e dobre a parte de baixo da folha. Dobre os lados para o meio e enrole a folha para formar o rolinho. Umedeça as bordas com água e pressione bem para o recheio não vazar durante o cozimento. Repita o procedimento com as outras folhas até os ingredientes terminarem.

3 Coloque os rolinhos numa assadeira forrada com papel-manteiga e leve ao forno (180 °C) por 10 minutos.

 Sirva com salada verde.

Massa para harumaki
8 folhas

Abobrinha
1

Cenoura
2

Cogumelo-de-paris
200 g

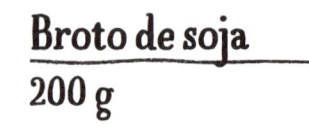

Broto de soja
200 g

Azeite de oliva
2 colheres (sopa)

BLANQUETTE
de seitan

15 min

1 h 25

4 porções

Descanso
15 min

1 Misture o glúten e as especiarias em uma tigela funda e tempere com sal e pimenta-do-reino. Acrescente 150 ml de água, 1 colher (sopa) de azeite e o molho de soja. Trabalhe bem a massa até obter uma bola e deixe descansar por 15 minutos. Depois, forme um cilindro com a massa e corte-o em fatias.

2 Leve 1 litro do caldo de legumes ao fogo até ferver e acrescente as fatias de seitan. Cozinhe por 45 minutos.

3 Numa caçarola, refogue a cebola descascada e picada. Junte as cenouras, as batatas e os cogumelos cortados em pedaços e depois o seitan. Regue com o vinho e o restante do caldo, acrescente alguns ramos de tomilho, tampe e cozinhe por 30 minutos.

4 Em seguida, adicione o creme de leite, cozinhe por mais 10 minutos e sirva quente.

O seitan, também conhecido como carne vegetal ou de glúten, é muito usado na cozinha vegetariana como substituto da carne. Há algumas versões à venda em supermercados e lojas de produtos naturais. (N. da T.)

Glúten de trigo
200 g

Legumes
400 g (cenoura, batata, cogumelo, cebola)

Especiarias
2 colheres (sopa) (páprica, gengibre, cominho)

Molho de soja
2 colheres (sopa)

... e também um pouco de
azeite de oliva

caldo de legumes, 1,2 litro

vinho branco seco, 100 ml

tomilho

Creme de leite fresco
200 ml

ESCALOPE DE SEITAN
ao vinho tinto

15 min

55 min

Descanso

4 porções

15 min

Vegana

Sem lactose

1 Numa tigela, misture o glúten e as especiarias. Tempere com sal e pimenta-do-reino. Incorpore de uma vez só 150 ml de água, o molho de soja e o azeite. Trabalhe bem a massa até obter uma bola e deixe descansar por 15 minutos. Forme um cilindro e corte-o em fatias finas.

2 Aqueça o caldo de legumes em uma panela grande, acrescente o seitan e cozinhe por 45 minutos.

3 Refogue os cogumelos picados em uma frigideira com azeite. Passe as fatias de seitan na farinha e coloque-as na frigideira com os cogumelos até dourarem. Retire e reserve.

4 Na mesma panela, coloque o vinho e a mostarda e cozinhe por 5 minutos para reduzir e sirva bem quente sobre os escalopes e o cogumelo.

Glúten de trigo
200 g

Vinho tinto
100 ml

Cogumelo-de-paris
200 g

Especiarias
2 colheres (sopa) (páprica, gengibre, cominho...)

... e também um pouco de

azeite de oliva, 1 colher (sopa)

caldo de legumes, 1 litro

farinha de trigo, 1 colher (sopa)

mostarda, 1 colher (sopa)

Molho de soja
2 colheres (sopa)

RÖSTI
de abóbora

1 Coloque a aveia em flocos numa vasilha com leite e deixe hidratar por 15 minutos.

2 Corte a abóbora e a cebola sem casca em pedaços e cozinhe no vapor por 15 minutos.

3 Em uma tigela, amasse grosseiramente a abóbora e a cebola, junte a aveia e a farinha de rosca. Tempere com sal, pimenta-do-reino e um pouco de cominho. Misture bem até obter uma massa homogênea.

4 Divida a massa em quatro. Forme os röstis e frite-os numa frigideira com um pouco de azeite por 5 minutos de cada lado.

Sirva com salada verde.

Abóbora
1/2

Aveia em flocos
60 g

Leite
150 ml

Cebola
1

Farinha de rosca
50 g

... e também um pouco de

cominho em pó

azeite de oliva

HAMBURGUINHO
de feijão-vermelho

12 h 30

1 h 45

4 porções

Descanso
12 h 30

Vegana

Sem glúten

Feijão-vermelho cru
250 g

Cebola
1

1 Na véspera, coloque o feijão de molho em bastante água fria e deixe por 12 horas. No dia seguinte, lave o feijão, escorra e leve ao fogo numa panela com água. Cozinhe por 1h30 (na panela de pressão, cozinhe por 20 minutos depois que a panela começar a chiar).

2 Numa frigideira com um pouco de azeite, refogue a cebola descascada e picada e o alho amassado e depois misture-os com o feijão cozido e escorrido, o tahine e a farinha de grão-de-bico. Adicione sal, pimenta-do-reino e o coentro.

3 Faça bolinhas com a massa, achate-as para formar os hambúrgueres e deixe na geladeira por 30 minutos.

4 Frite os hamburguinhos numa frigideira com azeite por 4 minutos de cada lado.

Alho
1 dente

Tahine
2 colheres (sopa)

... e também um pouco de

azeite de oliva

coentro em pó, 1 colher (chá)

Farinha de grão-de-bico
2 colheres (sopa)

 Sirva com salada verde.

TORTILHA
de pimentão e batata

15 min

40 min

4 porções

Sem lactose

Sem glúten

1 Corte as batatas em cubinhos e os pimentões em fatias finas. Descasque e pique a cebola.

2 Numa frigideira com um pouco de azeite, refogue a cebola e a batata e junte o pimentão. Tempere com sal e pimenta-do-reino e cozinhe por 30 minutos, até a batata ficar macia.

3 Numa tigela, bata os ovos e acrescente a cebolinha picada e a páprica. Despeje essa mistura na frigideira e cozinhe por cerca de 5 minutos em fogo bem baixo. Vire a tortilha e doure-a do outro lado.

Ovo
10

Pimentão vermelho
2

Batata
250 g

Cebola
1 grande

Páprica em pó
1 colher (chá)

... e também um pouco de

azeite de oliva

cebolinha

PAELLA
vegetariana

15 min

45 min

4 porções

Sem glúten

Vegana

Sem lactose

1 Numa frigideira grande e funda, refogue a cebola descascada e picada em um pouco de azeite. Junte os pimentões e os tomates cortados em cubinhos e as ervilhas escorridas. Cozinhe por 5 minutos, acrescente o arroz e misture bem.

2 Adicione 800 ml de água e as especiarias. Tempere com sal e pimenta-do-reino, tampe e cozinhe em fogo baixo por 30 minutos até o arroz absorver toda a água.

Se não encontrar o mix de especiarias pronto, prepare uma versão caseira misturando partes iguais de cúrcuma, urucum e páprica doce.

Arroz
350 g

Pimentão vermelho
2

Ervilha cozida
100 g

Tomate
4

Cebola
2

... e também um pouco de
azeite de oliva

mix de especiarias para paella, 3 colheres (chá)

BÚN BÒ
vegetariano

15 min

20 min

4 porções

Sem glúten

Vegana

Sem lactose

1 Rale os legumes e cogumelos ou corte-os em espessura bem fina. Refogue-os numa frigideira com um pouco de azeite. Em um recipiente à parte dissolva a pasta de amendoim no caldo de legumes e junte o molho de soja. Regue os legumes ainda na frigideira com esse molho e cozinhe um pouco para reduzir o líquido.

2 Cozinhe o macarrão conforme as indicações da embalagem e misture-o aos legumes. Tempere com sal e pimenta-do-reino e adicione os brotos de soja e as ervas picadas. Salpique com o gergelim e sirva bem quente.

O bún bò Huế, ou bún bò, é uma espécie de sopa típica da região de Hue, no Vietnã. É feito com macarrão de arroz (bún), carne bovina (bò) e várias especiarias. Esta é uma versão vegetariana. (N. da T.)

Legumes
500 g (cenouras, pepinos, cogumelos)

Bifum de arroz
200 g

Broto de soja
200 g

Pasta de amendoim
1 colher (sopa)

Ervas aromáticas
1 buquê (hortelã, coentro etc.)

... e também um pouco de
azeite de oliva

caldo de legumes, 200 ml

molho de soja

sementes de gergelim

GRATINADO DE BATATA
com queijo reblochon

15 min

40 min

4 porções

Sem glúten

1 Corte as batatas em rodelas e cozinhe-as no vapor por 10 minutos.

2 Numa frigideira com um pouco de azeite, refogue as cebolas descascadas e picadas e o tofu cortado em palitos. Junte a batata e o vinho. Tempere com sal e pimenta-do-reino.

3 Esfregue o alho numa travessa refratária e disponha a mistura de batata. Cubra com o queijo cortado em fatias e leve ao forno (180 °C) por 20 minutos, até a superfície ficar bem dourada.

De origem francesa, o queijo reblochon é produzido com leite de vaca e maturado por três semanas. Ele derrete e gratina facilmente e tem um sabor especial. Mas, se quiser substituí-lo, escolha o raclette ou até uma mozarela de boa qualidade. (N. da T.)

Batata

1 kg

Queijo reblochon

300 g

Cebola

2

Tofu defumado

125 g

Vinho branco

100 ml

... e também um pouco de

azeite de oliva

alho, 1 dente

SUFLÊ
de três queijos

10 min   35 min

4 porções

1 Derreta a manteiga em uma panela e adicione a farinha. Misture bem, junte o leite e cozinhe até a mistura engrossar, mexendo sempre.

2 Fora do fogo, acrescente as gemas e os queijos. Misture bem até os queijos derreterem. Bata as claras em neve e incorpore-as delicadamente à preparação.

3 Disponha a massa numa fôrma untada e leve ao forno (210 °C) por 25 minutos. Se preferir, use fôrmas individuais.

O cantal é um queijo francês de Auvergne, produzido com leite de vaca, curado e prensado. Pode ser substituído pelo emmenthal ou mimolette. O queijo mimolette é produzido com leite de vaca cru e prensado. Sua pasta é dura e alaranjada. Se quiser substituí-lo, use o emmenthal ou o edam. (N. da T.)

Queijo
150 g (cabra, cantal e mimolette)

Manteiga
50 g

Farinha de trigo
¼ de xícara (40 g)

Leite
1 xícara (250 ml)

Ovo
4

CHILI
sem carne

15 min

35 min

4 porções

Descanso

30 min

Vegana

Sem glúten

1 Num recipiente com tampa hermética, coloque a proteína de soja, o molho de soja e o azeite. Deixe marinar por 30 minutos.

2 Numa frigideira grande, refogue a proteína de soja marinada com a pimenta verme-lha. Junte o feijão, os tomates amassados e o milho. Tampe e cozinhe por 30 minutos.

Feijão-vermelho cozido
250 g

Tomate pelado
1 lata (400 g)

Milho
150 g

Proteína texturizada de soja
40 g

Molho de soja
2 colheres (sopa)

... e também um pouco de

azeite de oliva, 2 colheres (sopa)

pimenta vermelha em pó

BAGUETE
croque-madame

1 Corte a baguete ao meio no sentido do comprimento e de novo ao meio pela largura. Retire um pouco do miolo para formar uma cavidade rasa no pão.

2 Numa panela, aqueça o azeite e junte a farinha. Acrescente o leite, mexendo sem parar, e mantenha no fogo até a mistura engrossar. Tempere com sal e pimenta-do-reino. Disponha o molho sobre a baguete e cubra com o queijo.

3 No centro de cada pedaço de pão, achate um pouco o recheio com uma colher e quebre um ovo dentro. Tempere com sal e pimenta-do-reino e leve ao forno (180 °C) por 20 minutos.

Sirva com salada verde.

Baguete
1

Queijo emmenthal ralado
100 g

Ovo
4 pequenos

Farinha de trigo
4 colheres (sopa)

Leite
1 xícara (250 ml)

Azeite de oliva
4 colheres (sopa)

CROQUE-MONSIEUR
com pesto e queijo de cabra

10 min   10 min

4 porções

1 Espalhe um pouco de pesto em cada fatia de pão. Corte o queijo e a abobrinha em rodelas bem finas e distribua sobre quatro fatias. Cubra com as outras quatro fatias.

2 Coloque o leite num prato fundo e mergulhe os sanduíches rapidamente dos dois lados.

3 Aqueça uma frigideira, derreta a manteiga e toste os croque-monsieurs por 5 minutos de cada lado, comprimindo-os bem. Sirva-os quentes.

Pão de fôrma
8 fatias

Molho pesto
4 colheres (sopa)

Queijo de cabra
$1/2$

Abobrinha
$1/4$

Leite
100 ml

Manteiga
10 g

CROQUE-MONSIEUR
de tofu

10 min

15 min

4 porções

Descanso

2 h

1 Corte o tofu em quatro fatias finas. Em um recipiente hermético, misture o molho de soja com o azeite. Junte o tofu e deixe marinar por 2 horas, virando de vez em quando.

2 Misture o queijo com a mostarda e espalhe em quatro fatias de pão. Cubra-as com o tofu e fatias de tomate e feche o sanduíche com as fatias de pão restantes.

3 Numa frigideira com um pouco de manteiga, toste os croque-monsieurs por alguns minutos de cada lado. Sirva-os quentes.

Se não encontrar o creme de queijo minas frescal, use creme de ricota.

Pão de fôrma multigrãos
8 fatias

Tofu
125 g

Tomate
2

Molho de soja
2 colheres (sopa)

Creme de queijo minas frescal
4 colheres (sopa)

... e também um pouco de
azeite de oliva, 3 colheres (sopa)

mostarda, 4 colheres (sopa)

manteiga

SANDUÍCHE ENROLADO
de pepino e queijo fresco

⏰ **15 min** 🔥 **Sem cozimento**

🍴 **4 porções**

1 Retire a casca das fatias de pão cortando com uma faca. Passe o rolo de massa nos pães descascados para ficarem bem fininhos.

2 Espalhe o queijo de cabra sobre o pão e tempere com sal e pimenta-do-reino. Corte o pepino em fatias finas pelo comprimento. Disponha o pepino sobre o queijo e cubra com os brotos. Enrole os sanduíches e sirva-os.

Pão de fôrma
8 fatias

Pepino
¹/₂

Queijo de cabra fresco
100 g

Brotos
Um punhado

BURRITOS
vegetarianos

15 min

25 min

4 porções

1 Refogue as echalotas descascadas e picadas em um pouco de azeite usando uma frigideira funda ou panela. Junte o feijão e a pimenta vermelha. Tempere com sal e pimenta-do-reino e cozinhe por 5 minutos.

2 Coloque esse recheio no centro das tortilhas e junte os tomates cortados em cubos. Dobre a parte de baixo da massa, cobrindo o recheio e depois em direção ao centro e enrole, formando um cilindro. Disponha os burritos, com a parte dobrada para baixo, numa travessa refratária e polvilhe com queijo cheddar ralado. Leve ao forno (180 °C) por 15 minutos ou até derreter o queijo.

Pão tipo tortilha de trigo
8

Feijão-vermelho cozido
250 g

Tomate
2

Echalota
2

Pimenta vermelha em pó
1 colher (chá)

... e também um pouco de
azeite de oliva

queijo cheddar

SANDUÍCHE DE ABACATE
com queijo de cabra

10 min   Sem cozimento

4 porções

1 Corte os pães ao meio e espalhe o queijo de cabra sobre cada metade. Disponha fatias de abacate na base dos pães, cubra-as com um fio de mel e um pouco de rúcula.

2 Salpique com nozes trituradas grosseiramente e feche os bagels com as metades restantes.

Pão tipo bagel
4

Abacate
2

Queijo de cabra fresco
150 g

Mel
1 colher (sopa)

Rúcula
Um punhado

Nozes
20 g

SUSHI
de abacate

20 min

12 min

4 porções

Sem glúten

Vegana

Sem lactose

Arroz japonês (grão curto)
200 g

Abacate
2

1 Lave bem o arroz conforme as instruções da embalagem e cozinhe-o numa panela em 300 ml de água até ficar macio. Numa tigela, misture o vinagre, o açúcar e uma pitada de sal. Despeje essa mistura sobre o arroz e mexa cuidadosamente. Espere amornar.

2 Corte as folhas de alga ao meio. Numa esteira de bambu, estenda uma metade de folha, disponha um pouco de arroz em toda a sua extensão e, sobre ele, algumas fatias de abacate. Enrole a folha de nori com a ajuda da esteira, pressionando bem o arroz e o abacate. Repita a operação com as outras folhas. Com uma faca ligeiramente úmida, corte os rolinhos em seis.

Alga marinha nori
3 folhas

Vinagre de arroz
2 colheres (sopa)

Açúcar
1 colher (sopa)

WRAPS DE HOMUS
e legumes crus

5 min · 5 min

4 porções

Sem lactose

Vegana

1 Rale a cenoura, pique a cebola e corte o abacate em fatias e o pimentão e o tomate em rodelas.

2 Numa frigideira, aqueça os pães por 2 minutos de cada lado. Cubra com o homus e disponha no centro os legumes crus, o milho escorrido e o abacate. Dobre a parte de baixo dos pães e enrole até em cima.

Para fazer o homus em casa, siga a receita da página 18, sem usar a abóbora.

Pão tipo tortilha de trigo
4

Homus
4 colheres (sopa)

Legumes
300 g (cenoura, pimentão, tomate)

Cebola roxa
1

Abacate
1

Milho
1 lata (200 g)

BOLO DE CHOCOLATE
e abobrinha

1 Numa tigela, bata os ovos com o açúcar e junte a abobrinha ralada. Misture bem e adicione a farinha e o fermento.

2 Derreta o chocolate em banho-maria e incorpore-o à preparação anterior. Disponha a massa numa fôrma redonda untada e enfarinhada e leve ao forno (180 °C) por 20 minutos.

Chocolate meio-amargo
200 g

Abobrinha
1

Ovo
3

Açúcar
¹/₂ xícara (100 g)

Farinha de trigo
¹/₂ xícara (60 g)

Fermento químico em pó
¹/₂ sachê ou
¹/₂ colher (chá)

BOLO DE LIMÃO

e coco

10 min   25 min

6 porções

1 Numa tigela, bata os ovos com o açúcar. Junte a manteiga derretida e a farinha. Misture bem e incorpore o leite de coco. Por fim, adicione o suco e as raspas da casca dos limões.

2 Unte e enfarinhe uma fôrma de bolo de aproximadamente 24 cm de diâmetro e disponha a massa. Leve ao forno (180 °C) por 25 minutos. Espete um palito no centro da massa: se sair seco, o bolo estará pronto.

Limão-siciliano
2

Leite de coco
1 garrafinha (200 ml)

Ovo
2

Açúcar
½ xícara (100 g)

Manteiga
80 g

Farinha de trigo com fermento
1 ¼ xícara (160 g)

CRUMBLE
de ruibarbo e banana com amêndoa

15 min

35 min

4 porções

1 Corte o ruibarbo em pedacinhos e refogue por 10 minutos numa frigideira com 10 g de manteiga e 10 g de açúcar.

2 Numa tigela grande, misture a farinha de amêndoa com a farinha de trigo e o restante do açúcar. Incorpore o restante da manteiga cortada em pedaços e misture a massa com a ponta dos dedos até obter uma farofa rústica.

3 Coloque o ruibarbo numa travessa refratária untada, adicione as bananas em rodelas e disponha por cima a massa de crumble. Leve ao forno (180 °C) por 25 minutos.

O ruibarbo é uma planta de origem chinesa cujos talos, chamados de pecíolos, são usados no preparo de tortas, geleias e sobremesas. Seu sabor é azedo e ao mesmo tempo adocicado, por isso pode ser substituído por diversos tipos de frutas vermelhas. (N. da T.)

Ruibarbo
500 g

Banana
2

Farinha de amêndoa
50 g

Farinha de trigo
$^1/_3$ de xícara (50 g)

Açúcar
$^1/_2$ xícara + $^1/_2$ colher (sopa) (100 g + 10 g)

Manteiga
100 g + 10 g

BOLO DE IOGURTE
e pêssego

15 min

25 min

6 porções

1 Numa tigela grande, bata os ovos com o açúcar. Junte o iogurte e a manteiga derretida e depois incorpore a farinha. Misture bem.

2 Descasque os pêssegos e corte-os em pedaços. Disponha-os no fundo de uma fôrma de bolo untada e cubra-os com a massa. Leve ao forno (180 °C) por 25 minutos.

Iogurte natural
1 pote

Pêssego
2

Ovo
2

Açúcar
½ xícara (100 g)

Manteiga
100 g

Farinha de trigo com fermento
1 ½ xícara (200 g)

PANNA COTTA
de leite de coco e matcha

5 min

5 min

4 porções

Descanso
2 h

Vegana

Sem lactose

Leite de coco
2 garrafinhas (400 ml)

Chá verde tipo matcha
1 colher (sopa)

1 Numa panela, aqueça o leite de coco com o xarope de agave. Assim que começar a borbulhar, junte o chá e o ágar-ágar, mexendo bem para não empelotar.

2 Ferva por 2 minutos e despeje a mistura em tacinhas ou ramequins. Leve à geladeira por 2 horas antes de servir.

Xarope de agave
4 colheres (sopa)

Ágar-ágar
1 sachê (2 g)

BOLO
de castanha portuguesa

15 min

40 min

4 porções

Sem glúten

1 Numa tigela, bata as gemas com o açúcar e junte a farinha de castanha portuguesa e o fermento. Misture bem e incorpore o purê de castanha, a manteiga derretida e o rum.

2 Bata as claras em neve e incorpore-as à mistura anterior. Disponha a massa numa fôrma de bolo untada e enfarinhada e leve ao forno (180 °C) por 40 minutos. Espete um palito no centro do bolo: se sair seco, o bolo estará pronto.

O marrom-glacê é um purê doce feito com castanhas portuguesas. Se não encontrar, substitua por doce de leite ou faça a sua versão caseira: cozinhe 1 kg de castanhas portugue-sas até ficarem macias. Descasque, amasse e misture 2 xícaras (500 ml) de leite, batendo até incorporar. Junte 1²/₃ xícara (300 g) de açúcar, 100 g de manteiga em cubos e uma pitada de sal e misture bem, até ficar homogêneo.

Purê de castanha-portuguesa (marrom-glacê)
250 g

Farinha de castanha portuguesa
150 g

Ovo
3

Açúcar
¹/₂ xícara (75 g)

Manteiga
100 g

... e também um pouco de

fermento químico em pó,
1 sachê (11 g) ou 1 colher (chá)

rum, 3 colheres (sopa)

TORTA
Tatin

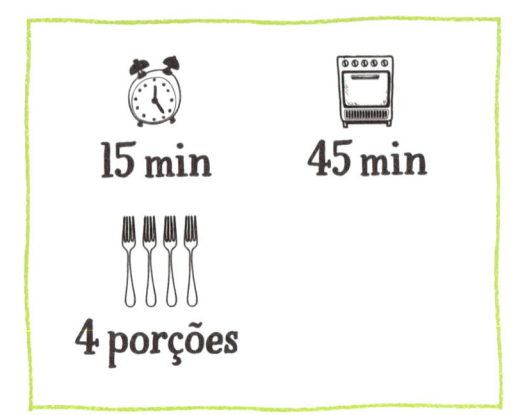

15 min

45 min

4 porções

1 Derreta a manteiga em uma fôrma para torta tatin (redonda, não muito alta). Junte o açúcar e misture delicadamente com uma espátula. Deixe dourar até ficar da cor de caramelo. Retire do fogo.

2 Descasque as maçãs e corte-as em fatias grossas. Remova as sementes e o miolo e disponha-as sobre o caramelo na fôrma, apertando-as bem.

3 Cubra as maçãs com a massa folhada, cobrindo bem nas bordas. Faça um corte no centro da massa com uma faca e leve ao forno (180 °C) por 40 minutos. Assim que retirar a torta do forno, desenforme-a.

💡 *Sirva a torta morna com uma bola de sorvete de baunilha.*

Massa folhada laminada
1 pacote (300 g)

Maçã
6

Açúcar
½ xícara (80 g)

Manteiga
80 g

CLAFOUTIS
de framboesa com leite de amêndoa

10 min · 30 min

4 porções

1 Bata os ovos com um garfo e junte a manteiga derretida, a farinha e o açúcar. Misture bem e incorpore aos poucos o leite de amêndoa.

2 Unte uma fôrma grande e preencha o fundo com as framboesas. Polvilhe com açúcar e cubra com a mistura de ovos. Leve ao forno (180 °C) por 30 minutos.

Framboesa
300 g

Leite de amêndoa
1 xícara (250 ml)

Ovo
3

Manteiga
30 g

Farinha de trigo
³/₄ de xícara (100 g)

Açúcar
¹/₂ xícara (75 g) + um pouco para polvilhar

MUSSE VEGANA
de chocolate

15 min · Sem cozimento

4 porções · Descanso 2 h

Sem glúten · Sem lactose

Chocolate amargo
200 g

Pasta de amêndoa
100 ml

1 Derreta o chocolate em banho-maria, junte a pasta de amêndoa, o açúcar e a essência de amêndoa. Misture bem.

2 Coe o grão-de-bico (guarde-o para outra receita) e coloque a água da conserva na batedeira. Bata como se fosse para chantili. Quando estiver bem firme, incorpore delicadamente ao chocolate.

3 Disponha a massa em ramequins ou tacinhas e leve à geladeira pelo menos por 2 horas.

A água de cozimento do grão-de-bico é um ótimo substituto vegetal para a clara de ovo. Com ela é possível preparar merengues, suspiros e vários outros pratos. Experimente! (N. da T.)

Açúcar
2 colheres (sopa)

Essência de amêndoa
$\frac{1}{2}$ colher (chá)

Grão-de-bico
1 lata pequena (só a água da conserva)

SORBET
de morango e manjericão

10 min

2 min

4 porções

Sorve-
teira

20 min

Vegana

Sem
lactose

1 Numa panela, dissolva o açúcar em 600 ml de água e ferva por 2 minutos. Deixe esfriar.

2 Bata os morangos com a calda de açúcar, o suco de limão e o manjericão até a mistura ficar homogênea. Coloque-a na sorveteira por 20 minutos e então leve ao congelador.

Morango
500 g

Manjericão
1 ramo pequeno

Açúcar
$2/3$ de xícara (125 g)

Suco de limão
1 colher (sopa)

SMOOTHIE
de leite de aveia e mirtilo

10 min — Sem cozimento

6 porções

Sem glúten

Vegana

Sem lactose

1 Coloque todos os ingredientes no liquidificador e bata até a mistura ficar homogênea.

2 Sirva o smoothie em copos altos, bem gelado. Enfeite com 1 folha de hortelã.

Leite de aveia
1 ¼ xícara (300 ml)

Mirtilo
100 g

Banana
1

Açúcar
1 colher (sopa)

Hortelã
6 folhas

ÍNDICE por ingrediente

A

Abacate

Guacamole.................................24

Ovos mimosa recheados com
abacate 80

Rolinhos primavera.....................84

Salada de arroz com abacaxi,
abacate e cebola roxa 116

Salada de couve, abacate e nozes....106

Salada de erva-doce, abacate
e laranja...............................76

Salada de quinoa e laranja.............114

Sanduíche de abacate com
queijo de cabra.....................382

Sushi de abacate 384

Wraps de homus e legumes
crus 386

Abacaxi

Salada de arroz com abacaxi,
abacate e cebola roxa 116

Salada tailandesa de arroz com
frutas tropicais.....................120

Abóbora

Abóbora gratinada com mostarda .. 220

Abóbora recheada com cogumelos....248

Cevadinha com legumes..................190

Crumble de abóbora com
sementes...........................226

Homus de abóbora 18

Refogado de espelta com abóbora ..186

Risoto de abóbora com avelã............212

Rösti de abóbora 356

Sopa de abóbora com
castanha portuguesa 62

Abóbora-moranga

Bolo de abóbora com fubá 174

Crozets gratinados com
moranga 216

Abobrinha

Abobrinha recheada com
roquefort e nozes 232

Abobrinhas empanadas 94

Bolo de chocolate e abobrinha 388

Coroa folhada de queijo de
cabra e legumes 150

Croque-monsieur com pesto
e queijo de cabra.....................374

Crumble de abobrinha e
berinjela 230

Galette de homus e legumes 140

Gratinado de pimentão e
abobrinha 214

Guisado de trigo com abobrinha
e amêndoa 182

Macarrão de uma panela só.............282

Panquequinha de aveia com
abobrinha 314

Ratatouille à provençal.....................250

Risoto de espelta 206

Rolinhos de legumes 332

Rolinhos primavera de legumes.......350

Salada de fitas de
abobrinha 66

Torta de abobrinha, hortelã
e limão 148

Acelga

Gratinado de verduras com
trigo 224

Flã de verduras com
mostarda 258

Alcachofra

Torta de alcachofra.....................154

Alga

Sushi de abacate 384

Alho-poró

Alho-poró cremoso com leite
de coco.............................176

Cogumelos recheados com
alho-poró e castanha 244

Cozido de alho-poró,
cogumelo e trigo-sarraceno..........286

Quiche de alho-poró,
cogumelo e tofu.....................134

Risoto de alho-poró e curry 210

Rösti de alho-poró 346

Torta de alho-poró, queijo
de cabra e mel......................144

Aspargo

Quiche de aspargo 136

Avelã

Couve-flor empanada com
avelã 324

Risoto de abóbora com avelã............212

B

Banana

Crumble de ruibarbo e banana
com amêndoa........................392

Smoothie de leite de aveia
e mirtilo 408

Batata

Batata gratinada com creme
de queijo 238

Couve-flor e batata ao curry.............294

Cozido de legumes 284

Curry de brócolis, batata e
leite de coco........................184

Gratinado de batata com
queijo cheddar.......................222

Gratinado de batata com
queijo reblochon 366

Maçãs com queijo de cabra
e batatas com mostarda 306

Rösti de alho-poró.....................346

Salada de batata, queijo de
cabra e uva 100

Sopa de folhas de rabanete.................50

Tortilha de pimentão e batata 360

Batata-doce

Batata-doce recheada com
couve-flor 240

Nhoque de batata-doce.....................264

Papelotes de erva-doce,
batata-doce e tofu....................310

Refogado de batata-doce e brócolis 288

Refogado de tempeh com
batata-doce...........................178

Sopa de maçã, batata-doce
e gengibre...........................56

Torta tatin de batata-doce
e cenoura...........................156

Berinjela

Berinjela à italiana 252

Berinjela recheada com trigo
e queijo feta.........................242

Canelone com cream cheese
e berinjela 274

Crumble de abobrinha e
berinjela 230

Galette de homus e legumes 140

Patê de berinjela com queijo feta 26

Pizza de legumes 164

Pizzinhas de berinjela e
mozarela 160

Ratatouille à provençal.......................250

Bifum (macarrão oriental)

Bún bò vegetariano 364

Sobá com cenoura e
shoyu 200

Brócolis

Curry de brócolis, batata e
leite de coco............................ 184

Gratinado de brócolis, leite
de coco e gengibre.....................218

Refogado de batata-doce e brócolis .. 288

Refogado de brócolis e soja 204

Broto de soja

Bún bò vegetariano 364

Rolinhos primavera de legumes 350

Brotos

Sanduíche enrolado de
pepino e queijo fresco 378

C

Castanha portuguesa

Cogumelos recheados
com alho-poró e castanha.............. 244

Couve-de-bruxelas com
cogumelos 180

Sopa de abóbora com
castanha portuguesa 62

Cenoura

Cevadinha com legumes.....................190

Cevadinha com queijo
mimolette 188

Cozido de legumes 284

Curry de lentilha vermelha 290

Flã de cenoura com queijo............... 262

Legumes refogados com
laranja kinkan............................ 202

Nuggets de tofu com cenoura 328

Panquequinha de fubá com
legumes 318

Panquequinha de lentilha com
cenoura 320

Refogado de tempeh e
cenoura com laranja.......................196

Rolinhos primavera de
legumes 350

Rolinhos primavera............................84

Sopa de cenoura com cominho
e gengibre.................................54

Tagine de legumes com
frutas secas 254

Sobá com cenoura e shoyu.............. 200

Torta tatin de batata-doce e
cenoura 156

Tortinhas crocantes de
cenoura e queijo de cabra...............138

Velouté de cenoura com
amendoim e coentro 52

Cevadinha

Cevadinha com legumes.....................190

Cevadinha com queijo
mimolette 188

Chá matcha

Panna cotta de leite de coco
e matcha................................... 396

Chocolate

Bolo de chocolate e
abobrinha................................. 388

Musse de chocolate vegana............. 404

Cogumelo

Abóbora recheada com
cogumelos 248

Cogumelos recheados com
alho-poró e castanha 244

Cogumelos recheados.........................40

Couve-de-bruxelas com
cogumelos 180

Cozido de alho-poró,
cogumelo e trigo-sarraceno........... 286

Escalope de seitan ao vinho
tinto 354

Espetinhos de tofu e
legumes 308

Folhado de cogumelo 338

Legumes refogados com
laranja kinkan............................ 202

Macarrão de uma panela só.............. 282

Quiche de alho-poró,
cogumelo e tofu..............................134

Refogado de tempeh e
cenoura com laranja.........................196

Risoto de cogumelos e
sementes de abóbora 208

Rolinhos primavera de
legumes 350

Salada de pepino e cogumelos............72

Tomate recheado com trigo
e queijo feta................................ 236

Tomates à provençal com
tofu e cogumelos............................ 304

Torta de cogumelo e queijo
reblochon................................... 146

Velouté de cogumelo, cream
cheese e curry..............................58

Couve-de-bruxelas

Couve-de-bruxelas com
cogumelos 180

Couve-flor

Batata-doce recheada com
couve-flor 240

Bolinhos de couve-flor com
parmesão 322

Couve-flor empanada com
avelã....................................... 324

Couve-flor e batata ao curry.............. 294

Crumble de couve-flor e
parmesão 228

Couve-galega

Chips de couve..................................36

Penne ao pesto de couve 268

Salada de couve, abacate
e nozes.....................................106

Cream cheese

Batata-doce recheada com
couve-flor 240

Cogumelos recheados.........................40

Espetinhos de pepino, mel e nozes.....30

Folhado de pimentão e
cream cheese............................. 342

Velouté de cogumelo, cream
cheese e curry..............................58

Crozet

Crozets gratinados com moranga 216

E

Endívia

Endívia braseada com laranja
e mel 198

Erva-doce

Papelotes de erva-doce,
batata-doce e tofu............................310

Rolinhos de legumes 332

Salada de erva-doce, abacate
e laranja......................................76

Salada de quinoa com
erva-doce e grapefruit.......................96

Torta tatin de erva-doce, mel
e laranja.....................................152

Ervilha

Paella vegetariana...............................362

Panquequinha de ervilha
com hortelã................................316

Espelta

Refogado de espelta com
abóbora.....................................186

Risoto de espelta.................................206

Espinafre

Bolo salgado de espinafre e
queijo feta..................................172

Dal de espinafre..................................296

Ovos com espinafre............................298

Pastel de espinafre com
queijo de cabra.............................336

Torta grega de espinafre
e queijo feta................................344

F

Feijão-vermelho

Burritos vegetarianos.........................380

Chili sem carne...................................370

Hamburguinho de
feijão-vermelho.............................358

Salada mexicana de arroz e
feijão-vermelho.............................118

Figo

Espetinhos de figo, queijo de
ovelha e melão................................32

Flocos de aveia

Crumble de abóbora com
sementes.....................................226

Panquequinha de aveia com
abobrinha....................................314

Rösti de abóbora.................................356

Framboesa

Clafoutis de framboesa com
leite de amêndoa...........................402

Fubá

Bolo de abóbora com fubá..................174

Panquequinha de fubá com
legumes......................................318

Petisco de fubá com tomate
e mozarela...................................330

G

Glúten de trigo

Blanquette de seitan...........................352

Escalope de seitan ao vinho tinto.....354

Grão-de-bico

Biscoitos de pimentão...........................14

Bolo salgado de pimentão
e queijo mimolette...........................92

Conchiglione com pimentão
e queijo de cabra..........................276

Cuscuz marroquino com legumes..256

Espetinhos de tofu
e legumes....................................308

Falafel rápido de forno.......................326

Flã de pimentão com leite de coco..260

Folhado de pimentão e
cream cheese...............................342

Gazpacho de pimentão
e melancia.....................................44

Grão-de-bico crocante com
especiarias....................................38

Gratinado de pimentão e abobrinha..214

Homus de abóbora................................18

Macarrão de uma panela só..............282

Paella vegetariana...............................362

Panquequinha de fubá com
legumes......................................318

Pizza de legumes................................164

Salada de grão-de-bico com
pepino e queijo feta..........................74

Tagine de legumes com
frutas secas.................................254

H

Homus

Galette de homus e legumes.............140

Wraps de homus e legumes
crus..386

L

Laranja

Refogado de tempeh e
cenoura com laranja......................196

Salada de erva-doce, abacate
e laranja......................................76

Salada de quinoa e laranja.................114

Salada de quinoa, laranja e
romã...78

Salada grega no espetinho....................34

Torta tatin de erva-doce, mel
e laranja.....................................152

Laranja kinkan

Legumes refogados com
laranja kinkan..............................202

Lentilha vermelha

Curry de lentilha vermelha.................290

Dal de espinafre..................................296

Panquequinha de lentilha com
cenoura......................................320

Sopa de lentilha vermelha e tomate...60

Lentilha verde

Arroz com lentilha e
cebola roxa..................................192

Salada de lentilha, maçã e
queijo feta....................................98

Salada de lentilha, quinoa e nozes....108

M

Maçã

Maçãs com queijo de cabra
e batatas com mostarda.................306

Pastelão de queijo brie com maçã...334

Salada de repolho com
halloumi grelhado.........................112

Salada de lentilha, maçã e
queijo feta....................................98

Salada de quinoa, maçã e
queijo faisselle.............................104

Salada Waldorf...................................110

Sopa de maçã, batata-doce
e gengibre.....................................56

Torta Tatin..400

Manga

Salada tailandesa de arroz com
frutas tropicais.............................120

Maracujá

Salada tailandesa de arroz com
frutas tropicais.............................120

Marrom-glacê

Bolo de castanha portuguesa...........398

Massa

Canelone com cream cheese
e berinjela...................................274

Conchiglione com pimentão
e queijo de cabra..........................276

Espaguete à carbonara
diferente.....................................280

Espaguete com pimentão...................278

Fusilli com shiitake............................272

Lasanha de legumes com

queijo de cabra...................................266
Macarrão de uma panela só.............282
Penne ao pesto de couve...................268
Tagliatelle ao pesto
de nozes...270

Melancia
Gazpacho de pimentão e
melancia 44

Melão
Espetinhos de figo, queijo de
ovelha e melão 32
Sopa gelada de melão com
manjericão 48

Milho
Chili sem carne 370
Salada mexicana de arroz e
feijão-vermelho.................................118
Wraps de homus e legumes crus 386

Mirtilo
Smoothie de leite de aveia e mirtilo... 408

Morango
Salada de primavera com
morango e tomate cereja 64
Sorbet de morango e manjericão 406

Mozarela
Bruschetta de pesto,
mozarela e tomate 126
Petisco de fubá com tomate
e mozarela...330
Pizza de tomate cereja,
mozarela e rúcula..............................162
Pizzinhas de berinjela e
mozarela...160
Salada de primavera com
morango e tomate cereja 64

N
Nozes
Abobrinha recheada com
roquefort e nozes 232
Espetinhos de pepino, mel
e nozes 30
Patê de shiitake com nozes 28
Refogado de espelta com abóbora ..186
Salada de repolho com
halloumi grelhado............................112
Salada de couve, abacate e nozes....106
Salada de lentilha, quinoa
e nozes 108

Salada de batata, queijo de
cabra e uva...100
Salada Waldorf.......................................110
Tagliatelle ao pesto de nozes 270
Sanduíche de abacate com
queijo de cabra..................................382
Tortinhas crocantes de
cenoura e queijo de cabra...............138
Tartines de pera, gorgonzola
e nozes 124
Tartines de roquefort, nozes
e uva...122
Terrina de nozes.....................................90

P
Pão
Bruschetta de pesto,
mozarela e tomate 126
Croque-monsieur de tofu 376
Croque-monsieur com pesto
e queijo de cabra.............................. 374
Sanduíche de abacate com
queijo de cabra..................................382
Sanduíche enrolado de
pepino e queijo fresco 378
Tartines de queijo de ovelha,
tomate seco e uva.............................128
Tartines de pera, gorgonzola e nozes..124
Tartines de roquefort, nozes e uva....122

Pasta de amêndoa
Pasta de beterraba e amêndoa 20
Patê de shiitake com nozes 28

Pepino
Espetinhos de pepino, mel e nozes.....30
Gazpacho de pimentão e
melancia 44
Panna cotta de queijo de cabra
fresco e pepino...................................86
Salada de pepino e cogumelos............72
Salada de grão-de-bico com pepino
e queijo feta..74
Salada de cuscuz, queijo feta e
tomate 102
Salada grega no espetinho 34
Sanduíche enrolado de
pepino e queijo fresco 378
Sopa fria de pepino e rúcula.................46
Tabule com sementes...........................68
Tzatziki 16

Pera
Tartines de pera, gorgonzola
e nozes 124

Pêssego
Bolo de iogurte e pêssego 394
Salada de alface-de-cordeiro,
pêssego e amêndoa.......................... 70

Pesto
Bruschetta de pesto, mozarela e
tomate 126
Coroa folhada de queijo de
cabra e legumes 150
Croque-monsieur com pesto
e queijo de cabra...............................374
Palmiers com molho pesto
vermelho 10
Tomates à provençal com
tofu e cogumelos...............................304

Pimentão
Coroa folhada de queijo de
cabra e legumes 150
Espaguete com pimentão...................278
Galette de homus e legumes 140
Legumes refogados com
laranja kinkan....................................202
Patê de pimentão 22
Pimentão recheado com arroz 246
Quiche de pimentão e queijo
cremoso de ervas...............................142
Salada de lentilha, maçã e
queijo feta..98
Torta tatin de pimentão e
tomate 158
Tortilha de pimentão e batata 360

Proteína de soja
Chili sem carne 370
Refogado de brócolis e soja 204

Q
Queijo boursin
Quiche de pimentão e queijo
cremoso de ervas.............................. 142

Queijo brie
Pastelão de queijo brie com
maçã..334

Queijo cantal
Miniquiches de queijo cantal..............82

Queijo cheddar
Burritos vegetarianos 380
Gratinado de batata com
queijo cheddar...................................222
Pastel de espinafre com
queijo de cabra..................................336

Queijo comté
Abóbora recheada com cogumelos...248
Cozido de alho-poró,
cogumelo e trigo-sarraceno...........286
Rösti de alho-poró................................346
Torta de alcachofra..............................154

Queijo de cabra
Bolo salgado de queijo e tomate
seco 170
Cogumelos recheados com
alho-poró e castanha 244
Conchiglione com pimentão
e queijo de cabra............................276
Coroa folhada de queijo de
cabra e legumes 150
Croque-monsieur com pesto
e queijo de cabra............................374
Crumble de couve-flor e parmesão ..228
Flammkuchen de queijo de cabra
e mel 166
Lasanha de legumes com
queijo de cabra..............................266
Maçãs com queijo de cabra
e batatas com mostarda 306
Panna cotta de queijo de cabra
fresco e pepino.................................86
Salada de batata, queijo de
cabra e uva.....................................100
Samosa de cebola
caramelizada e queijo 340
Sanduíche de abacate com queijo
de cabra 382
Sanduíche enrolado de
pepino e queijo fresco.....................378
Torta de alho-poró, queijo
de cabra e mel 144
Tortinhas crocantes de
cenoura e queijo de cabra...............138

Queijo de ovelha
Espetinhos de figo, queijo
de ovelha e melão............................. 32
Tartines de queijo de ovelha,
tomate seco e uva...........................128

Queijo emmenthal
Baguete croque-madame 372
Gratinado de brócolis, leite de coco
e gengibre......................................218
Lasanha de legumes com queijo
de cabra 266
Quiche de aspargo 136

Queijo feta
Berinjela recheada com cuscuz

e queijo feta...................................242
Bolo salgado de espinafre e
queijo feta......................................172
Gratinado de pimentão e
abobrinha 214
Patê de berinjela com queijo feta........26
Salada de cuscuz, queijo feta
e tomate..102
Salada de grão-de-bico com
pepino e queijo feta 74
Salada de lentilha, maçã e
queijo feta..98
Salada de quinoa, laranja e romã........78
Salada grega no espetinho 34
Torta grega de espinafre e
queijo feta......................................344
Tomate recheado com cuscuz
e queijo feta................................... 236

Queijo gorgonzola
Tartines de pera, gorgonzola
e nozes 124

Queijo gruyère
Abóbora gratinada com mostarda ..220
Crozets gratinados com
moranga 216
Quiche de mostarda 130

Queijo halloumi
Salada de repolho com
halloumi grelhado............................112

Queijo mimolette
Bolo salgado de pimentão e
queijo mimolette...............................92
Cevadinha com queijo
mimolette 188

Queijo reblochon
Gratinado de batata com
queijo reblochon 366
Torta de cogumelo e queijo
reblochon....................................... 146

Queijo roquefort
Abobrinha recheada com
roquefort e nozes 232
Gougères de queijo roquefort 42
Tartines de roquefort, nozes e uva....122

Quinoa
Salada de lentilha, quinoa e
nozes 108
Salada de quinoa com
erva-doce e grapefruit......................96

Salada de quinoa e laranja.................114
Salada de quinoa, laranja e
romã..78
Salada de quinoa, maçã e
queijo faisselle................................ 104

R
Repolho
Cozido de legumes 284
Salada de repolho com
halloumi grelhado............................112

Romã
Salada de quinoa, laranja e romã...........78

Ruibarbo
Crumble de ruibarbo e banana
com amêndoa 392

S
Sementes de abóbora
Crumble de abóbora com sementes . 226
Risoto de cogumelos e
sementes de abóbora 208

Sementes de chia
Nuggets de tofu com cenoura 328
Pasta de beterraba e amêndoa..............20

Cuscuz marroquino
Berinjela recheada com cuscuz e
queijo feta......................................242
Cuscuz marroquino com
legumes 256
Salada de cuscuz, queijo feta e
tomate 102
Tabule com sementes........................68
Tomate recheado com cuscuz e
queijo feta...................................... 236

Shiitake
Fusilli com shiitake............................. 272
Ovos ao forno com shiitake...............302
Patê de shiitake com nozes 28

T
Tahine
Hamburguinho de feijão-vermelho.. 358
Homus de abóbora................................18

Tempeh
Refogado de tempeh com
batata-doce......................................178
Refogado de tempeh e cenoura
com laranja 196

Tofu

Arroz thai com tofu e
  amendoim 194

Brioche recheado com tofu
  defumado 234

Croque-monsieur de tofu 376

Espaguete à carbonara diferente 280

Espetinhos de tofu e legumes........... 308

Flammkuchen de queijo de cabra
  e mel 166

Gratinado de batata com queijo
  reblochon..............................366

Nuggets de tofu com cenoura 328

Papelotes de erva-doce,
  batata-doce e tofu...........................310

Quiche de alho-poró, cogumelo
  e tofu 134

Refogado de batata-doce e
  brócolis................................. 288

Terrina de nozes................................90

Tofu marinado com gergelim e
  chips de legumes 348

Tomates à provençal com tofu e
  cogumelos 304

Tomate

Berinjela à italiana 252

Bolo salgado de queijo e tomate
  seco 170

Bruschetta de pesto, mozarela
  e tomate.................................126

Burritos vegetarianos 380

Canelone com cream cheese
  e berinjela 274

Chili sem carne 370

Conchiglione com pimentão e
  queijo de cabra....................................276

Croque-monsieur de tofu 376

Gazpacho de pimentão e melancia....44

Macarrão de uma panela só............. 282

Paella vegetariana................................ 362

Petisco de fubá com tomate e
  mozarela 330

Pimentão recheado com arroz......... 246

Pissaladière com tomate,
  cebola e azeitona...................................168

Pizza de legumes 164

Pizza de tomate cereja, mozarela
  e rúcula...................................162

Pizzinhas de berinjela e mozarela.....160

Ratatouille à provençal....................... 250

Salada de lentilha, maçã e queijo
  feta 98

Salada de primavera com morango
  e tomate cereja 64

Salada de cuscuz, queijo feta e
  tomate 102

Salada grega no espetinho 34

Sopa de lentilha vermelha e
  tomate 60

Sopa gelada de melão com
  manjericão 48

Tabule com sementes..........................68

Tartines de queijo de ovelha,
  tomate seco e uva......................128

Tomate recheado com cuscuz e
  queijo feta.............................. 236

Tomates à provençal com tofu e
  cogumelos 304

Tomates recheados com ovos
  cocotte 300

Torta Tatin de pimentão e tomate.....158

Trigo para quibe

Gratinado de verduras com trigo...... 224

Tabule com sementes............................68

Trigo-sarraceno

Cozido de alho-poró, cogumelo
  e trigo-sarraceno 286

Guisado de trigo com abobrinha
  e amêndoa 182

U

Uva

Cuscuz marroquino com legumes .. 256

Salada de batata, queijo de cabra
  e uva...................................... 100

Tartines de queijo de ovelha,
  tomate seco e uva............................128

Tartines de roquefort, nozes e uva....122

V

Vagem

Legumes refogados com laranja
  kinkan 202

Vinho branco

Blanquette de seitan 352

Gratinado de batata com queijo
  reblochon................................ 366

Risoto de abóbora com avelã............212

Risoto de alho-poró e curry 210

Risoto de cogumelos e sementes
  de abóbora 208

Risoto de espelta 206

Vinho tinto

Escalope de seitan ao vinho tinto..... 354

Créditos das imagens

Copyright © 2017 Larousse

Copyright da tradução © 2020 Alaúde Editorial Ltda.

Título original: *Recettes Végétariennes Inratables!*

Todos os direitos reservados. Nenhuma parte desta edição pode ser utilizada ou reproduzida – em qualquer meio ou forma, seja mecânico ou eletrônico –, nem apropriada ou estocada em sistema de banco de dados sem a expressa autorização da editora.

O texto deste livro foi fixado conforme o acordo ortográfico vigente no Brasil desde 1º de janeiro de 2009.
As medidas caseiras apresentadas são aproximadas; por favor, confira o peso em gramas.

EDIÇÃO ORIGINAL: LAROUSSE ÉDITIONS
Direção de publicações: Isabelle Jeuge-Maynart e Ghislaine Stora / **Direção editorial:** Émilie Franc
Edição: Alice Dauphin / **Capa:** Anna Bardon / **Projeto gráfico:** Claire Morel-Fatio

PRODUÇÃO EDITORIAL: EDITORA ALAÚDE
Edição: Bia Nunes de Sousa / **Preparação:** Fernanda Marão (Crayon Editorial)
Revisão: Rosi Ribeiro Melo, Claudia Vilas Gomes / **Capa:** Amanda Cestaro / 1ª edição 2021

Dados Internacionais de Catalogação na Publicação (CIP) (Câmara Brasileira do Livro, SP, Brasil)

Roquefort, Clémence
Receitas vegetarianas práticas / Clémence Roquefort ; fotografia de Olivier Ploton ; tradução de Célia Regina Rodrigues de Lima. -- São Paulo : Alaúde Editorial, 2021.

Título original: Recettes végétariennes inratables
ISBN 978-85-7881-593-6

1. Culinária 2. Culinária (Receitas) 3. Culinária vegetariana 4. Gastronomia 5. Receitas culinárias 6. Vegetarianismo I. Ploton, Olivier. III. Título.

21-86460   CDD-641.5636

1. Receitas vegetarianas : Culinária : Economia doméstica 641.5636
Maria Alice Ferreira - Bibliotecária - CRB-8/7964

2021
Alaúde Editorial Ltda.
Avenida Paulista, 1337, conjunto 11
São Paulo, SP, 01311-200
Tel.: (11) 3146-9700
www.alaude.com.br | blog.alaude.com.br

Compartilhe a sua opinião
sobre este livro usando a hashtag
#ReceitasVegetarianasPráticas
nas nossas redes sociais:

 /EditoraAlaude

/EditoraAlaude

 /AlaudeEditora